中国制造工厂
困局与运营突破

黄启哲 / 著

天津出版传媒集团
天津人民出版社

自 序

FOREWORD

　　许多制造企业都向丰田汽车公司学习，导入精益生产模式，希望借此提升自己的竞争力和收益。殊不知局部的高效率，并不等于企业整体的高收益！全面的局部优化，也不会给整体混乱的企业带来实际收益！作者通过多年理论研究与一线咨询实践，再结合大量的真实标杆案例，向读者揭示制造工厂提升收益及竞争力的运营逻辑。

　　本书深入浅出，从整体视角向读者展示了制造工厂面临的内外部真实环境，运营与提升收益的核心方法，90%的工厂实践精益生产失败的原因，高层如何决策才能帮助制造工厂增收，什么才是正确有效的决策逻辑。

　　本书结合理论与实操案例，向读者揭示了标杆企业的运营决策逻辑。这些决策逻辑可以帮助制造工厂老板和核心高管简单有效地做出多种决策，无论是关于成本、流程的，还是库存的。

　　特别是在当下整体市场下行、竞争压力剧增的时代，制造工厂正式步入向运营要效率的阶段。当制造工厂出现收益不足、竞争压力剧增的情况时，

中国制造工厂困局与运营突破

更需从整体视角用系统化的思维看待工厂，并运用新的决策逻辑，帮助制造工厂化解内部混乱、产销矛盾、收益不足等相关难题。

本书既是制造工厂运营高层的运营收益提升工具书，也是制造工厂导入精益生产的支撑性案例集。书中结合了丰田运营模式及制约理论（TOC）的新决策逻辑，填补了国内制造工厂运营管理的一项空白，可以帮助制造工厂在运营管理过程中，做出简单高效、量化增收的正确决策，助力制造工厂快速提升收益与竞争力。

黄启哲

2024 年 8 月

前 言

PREFACE

很多工厂老板和核心管理层觉得工厂运营难、内部乱、收益低，其实是他们没能理解工厂运营的底层逻辑。我将自己20家工厂近30个咨询项目的经历总结成一句话："工厂其实就像一部生钱的机器。"（图a）

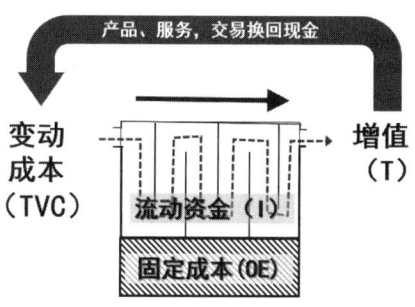

图a 工厂模型

中国制造工厂困局与运营突破

为何这样讲？有三个理由：

第一，一家高收益的工厂，就像一部会生钱的机器一样，可以带来源源不断的收益。

第二，工厂的底层运作逻辑与生钱机相同，都是投入材料将其变成更高价值的产品。

第三，要想提升工厂收益，减少内部混乱，运营者需要不断做出决策，而决策逻辑与采购、运行一部会生钱的机器时完全一致。

那么，采购以及运行会生钱的机器，到底需要什么样的决策逻辑呢？

完成一次采购过程后，我们便可了解旧理念中的众多误区。

下面我们来一起认识会生钱的机器的采购与运行过程。

首先，当我们有机会采购一部机器时，请问你会买什么样的机器？

这个问题如此简单，几乎所有人都会回答："当然要买最挣钱的！"那么如何定义挣钱？这个问题或许会有不同的答案。

我们来到超市，导购向你推荐了两部机器。A 机器投入原料成本是 50 元，可生产单价 100 元的产品，B 机器投入原料成本是 30 元，可生产单价 50 元的产品。对应机器的增值率[①]为 50% 和 40%，如表 a 所示：

表 a　两种机器的增值率

增值幅度（增值率）	项目	A机器	B机器
	原料成本（元）	50	30
	成品价格（元）	100	50
	增值率（%）	50	40

这时，或许有人会毫不犹豫地采购 A 机器。但其他人可能会拉拉我们

---

① 增值率指变动成本与销售价格的差值率，此处即原料成本与产品价格之间的差值率。

的衣角，让我们再问问机器的其他参数，绝不能只看单一的参数！于是，我们可能会询问机器的其他参数。

这时导购才说："A 机器每年可以生产 10 批次的产品，而 B 机器可以生产出 28 批。"我们心中一惊，心想这么重要的信息导购为何不提前告知？虽然 B 机器只能生产单价 50 元的产品，但是一年可以生产 28 批，比 A 机器多 18 批，速度明显要快，年销售毛利可以达到 560 万元。而 A 机器虽然可以生产单价 100 元的产品，但是一年只能生产 10 批，最后的年销售毛利只有 500 万元，如表 b 所示。

表 b 年销售毛利

	项目	A机器	B机器
增值幅度（增值率）	原料成本（元）	50	30
	成品价格（元）	100	50
	增值率（%）	50	40
增值速度（周转率）	周转次数（次/年）	10	28
	年产出量（万元）	1000	1400
年销售毛利（万元）		500	560

如果不是随同人员提醒，我们险些就做了错误的判断。有了这个经历，我们在采购时会更加谨慎，关心更多的参数与风险。比如，我们会问出更多的问题：

机器的售价是多少？使用年限是多少？使用过程中的运行费用是多少？

导购一一回复了两种设备的销售价格、使用年限、日常运行成本等参数，结果如表 c 所示。

表c 年净利润与净利率

项目		A机器	B机器
增值幅度（增值率）	原料成本（元）	50	30
	成品价格（元）	100	50
	增值率（%）	50	40
增值速度（周转率）	周转次数（次/年）	10	28
	年产出量（万元）	1000	1400
年销售毛利（万元）		500	560
机器投资额（万元）		1000	1250
固定费用（厂房设备）	使用年限（年）	4	6
	折旧费用（万元/年）	250	208
	运行费用（万元/年）	50	100
	小计（万元/年）	300	308
年净利润额（万元）		200	252
年净利率（%）		20	18

A机器最优惠的价格是1000万元，可以使用4年；B机器则是1250万元，可以使用6年。这时，我们再次对导购另眼相看，看来他早有打算，知道B机器的价值，所以才卖得这么贵。

但是，因为B机器生产速度较快，所以需要投入更高的运行维护成本，一年需要100万元，最终的年净利润是252万元。而A机器的年净利润只有200万元。

如果按净利润决策，首选当然是更挣钱的B机器；但是如果按年净利率测算，A机器是20%，比B机器高出2%。

到底是选择净利润更高的B机器，还是净利率更高的A机器？

这个问题就好比投资或运营一座工厂时，我们应该看重净利润，还是利润率。

前 言

你的答案可能同大多数人一致，觉得应该选择净利润更高的 B 机器，一年可以多挣 52 万元。

但是，如果我们的资金来源于银行贷款，假设贷款年利率为 10%，那么选择 B 机器，最终的年净利率只剩 8%，而 A 机器则是 10%。相对来讲，A 机器比 B 机器的净利率高出了 20%。这时，我们可能会再次陷入纠结的境地。

此时，导购见状说："一般在我们市场采购机器的顾客，都会看中一项目指标——投资回报率（ROI）。当考虑投资回报率时，不仅需要你准备设备的采购成本，还需要准备一些流动资金。"

听到这里，我们不禁追问："什么是流动资金？"

销售解释说："机器的采购价格属于固定投入的成本。你还需要准备至少 1 个月的运行费用，以及一定数量的原材料、半成品、成品库存或应收款的资金储备，这些资金储备统称为流动资金。"

销售接着讲："各机器的流动资金量一般是单批销售额的 3 倍。"

所以，我们的总投资额应该为：固定费用（厂房设备）、1 个月的运行费用、3 倍销售额的流动资金。然后再用年净利润除以总投资额，得到年投资回报率，如表 d 所示。

表 d　投资回报率

	项目	A 机器	B 机器
增值幅度（增值率）	原料成本（元）	50	30
	成品价格（元）	100	50
	增值率（%）	50	40

中国制造工厂困局与运营突破

续表

项目		A机器	B机器
增值速度（周转率）	周转次数（次/年）	10	28
	年产出量（万元）	1000	1400
年销售毛利（万元）		500	560
机器投资额（万元）		1000	1250
固定费用 （厂房设备）	使用年限（年）	4	6
	折旧费用（万元/年）	250	208
	运行费用（万元/年）	50	100
	小计（万元/年）	300	308
年净利润（万元）		200	252
年净利率（%）		20	18
机器留存资金（万元）①		350	234
投资回报率（%）		15	17

此时，我们得出的结论是，当我们手中资金有限制时，应首选投资回报率更高的 B 机器。

通过这个采购过程，我们知道了在管理工厂时，不能只关注利润率，更应关注设备的可持续使用年限有多久，前期投资是多少，运行过程会消耗多少成本，最后还需关注留存在工厂的资金是多少。

有了上述参数，我们就可以得出机器的投资回报率。

而在现实中，许多工厂运营者常常忽视库存资金占用（即表 d 中的机器留存资金）和周转率，只追求销售利润率，这也就意味着他们会选择 A 机器。

更有甚者，有些运营者一味地追求低运行成本，将宝贵的时间、精力不断消耗在压缩运行成本上，如精减人力、提高单位产出、提升人均产值、

---

① 机器留存资金指工厂中原材料、半成品、成品所占用的，未流至外部的资金，即上文所说的流动资金。

减少单位能耗等局部指标。将本可能高周转的 B 机器，变为低周转的 A 机器。

回到机器采购场景，这时，我们已经准备采购投资回报率更高的 B 机器了。导购小声地同我们讲："听说有人能通过低成本的改造，增加机器的周转次数，延长使用年限。据说，通过升级改造（将在后续章节展开），有部 A 机器已实现了很不错的效果（如表 e 所示）。"

表 e 投资回报率（顾问升级版）

项目		A机器	B机器	A机器-升级版
增值幅度（增值率）	原料成本（元）	50	30	50
	成品价格（元）	100	50	100
	增值率（%）	50	40	50
增值速度（周转率）	年周转次数（次/年）	10	28	15
	年产出量（万元）	1000	1400	1500
年销售毛利（万元）		500	560	750
机器投资额（万元）		1000	1250	1000
固定费用（厂房设备）	使用年限（年）	4	6	6
	折旧费用（万元/年）	250	208	167
	运行费用（万元/年）	50	100	100
	小计（万元/年）	300	308	267
年净利润额（万元）		200	252	483
年净利率（%）		20	18	32
机器留存资金（万元）		350	234	300
投资回报率（%）		15	17	37

当我们能理解工厂运营其实就像一部机器在运转时，用采购、评估机器的逻辑，对工厂运营管理进行决策，同样可以帮助工厂增加周转次数，降低生产库存，提升市场竞争力，增加收益。

那么，应该如何实现这些内容？实际决策过程中还会遇到哪些误区、盲点？本书将通过案例拆解、场景分析、对比验证等方式逐一解开这些谜题。助力制造工厂通过高效简洁的决策，变成一部效率更高的"赚钱机器"。

目 录

CONTENTS

第一章 用收益倍增案例，解运营决策难题 / 001

工厂运营十大难题 / 003
工厂投资回报率不高 / 006
工厂运营决策时难题不断 / 007
一家服装工厂的做法 / 008
丰田到底是如何挣钱的 / 009
多接挣钱的订单，盈利反而更低 / 012
本章小结 / 016

第二章 透过成本结构看收益倍增 / 019

饺子馆如何实现收益倍增 / 021
工厂成本与产销量的关系 / 024

工厂收益倍增率　　/ 025
饺子馆收益倍增行动与结果　　/ 026
从成本结构看工厂收益倍增　　/ 028
本章小结　　/ 029

第三章　90%工厂在犯的错，你犯了吗　　/ 031

运营难题的原因是什么　　/ 033
局部效率优先模式　　/ 036
离散型制造工厂运营混乱的核心问题　　/ 037
我们为何执着于局部效率　　/ 040
本章小结　　/ 043

第四章　局部效率优先运营模式的"六宗罪"　　/ 045

激活资源，增加库存　　/ 047
浪费成本，产生虚假效率　　/ 049
拉长周期，降低收益　　/ 050
追求毛利，错失盈利　　/ 052
追求成本，损失产能　　/ 053
各自为政，制造冲突　　/ 056
本章小结　　/ 057

目录

第五章 局部效率优先的运营模式产生的实际恶果 / 059

K公司内部混乱与收益受损的案例　　/ 061
识别K公司的瓶颈　　/ 062
K公司运营的根本原因分析　　/ 064
改善的挑战与挫折　　/ 069
随线装箱物料小车与激励方案的调整　　/ 070
K公司案例的双赢收益　　/ 071
国际大公司"黑字破产"　　/ 072
大国企竞争力的丧失　　/ 076
本章小结　　/ 080

第六章 原来做工厂运营决策可以如此简单 / 081

传统会计与运营管理决策　　/ 083
什么是有效产出会计　　/ 086
TOC有效产出会计与决策逻辑　　/ 088
TOC有效产出会计的投资回报率　　/ 091
TOC有效产出会计与工厂收益倍增　　/ 092
本章小结　　/ 094

第七章 产能不足的工厂如何实现收益倍增 / 095

制约理论的解决逻辑 / 097
饺子馆产能不足,如何实现收益倍增 / 100
瓶颈突破与集体抗拒 / 102
蓝色火焰的故事 / 106
产能不足时的运营决策 / 108
本章小结 / 109

第八章 工厂库存高、周期长,如何实现收益倍增 / 111

只重成本,为何会产生更多的库存 / 113
只重成本,为何生产周期反而变长 / 115
工厂如何压缩生产周期 / 116
制约理论如何压缩库存、提升产能 / 117
制约理论如何确保99%的准时交付率 / 119
生产批量可以不等于流转批量 / 121
短交期对运营的三大收益 / 124
本章小结 / 126

目录

第九章 订单不足时，如何实现收益倍增 / 129

B 企业亏损原因分析　　／ 131
订单不足，企业如何突破　　／ 134
订单不足，亏损接单的决策　　／ 137
接亏本订单原来这么挣钱　　／ 140
本章小结　／ 142

第十章 订单充足时，如何实现收益倍增 / 143

订单充足时的投资风险　　／ 145
B 企业订单充足时的损失　　／ 147
服装工厂再次收益倍增　　／ 148
B 企业的机会与损失　　／ 151
B 企业案例中的意外收获　　／ 153
如何在不损害收益的情况下让价　　／ 154
本章小结　／ 156

第十一章 供应链高库存，如何实现收益倍增 / 159

成本思维与供应链库存　　／ 161
生产周期与库存水平　　／ 163

大批量、长周期的危害 / 164
3 个改变，压缩供应链库存 / 167
库存是集中还是分散 / 168
定期送货还是频密送货 / 169
集中库存的重要收获 / 170
某企业供应链项目案例 / 171
本章小结 / 174

第十二章 有效产出会计与控制资金 / 177

养马还是养羊 / 179
接单是否只用考虑利润高低 / 183
每周进货还是每月进货 / 186
ZARA 为何不考虑运输成本 / 188
月结还是现结 / 190
大批量生产还是小批量生产 / 191
富士康为何能不计成本地快速交付 / 193
大批量采购还是小批量采购 / 194
现金断流时的决策 / 196
本章小结 / 199

第十三章 用成本思维决策为何会失效 / 201

历史赋予财务的重任 / 203
"今天的问题来自昨天的解" / 204
环境已变,成本准则未变 / 206
成本会计的两大缺陷 / 207
成本会计的魔法 / 209
分摊基准导致的低效益 / 211
成本会计为何仍长期存在 / 215
本章小结 / 216

第十四章 更加简单有效的替代方案 / 217

有效产出经营报表 / 219
专精特新服装工厂第三次收益倍增 / 224
本章小结 / 232

第十五章 新理念下的商业模式开发 / 235

富士康为何能"赤字接单、黑字出货" / 237
新理念与新优势 / 239

问题与机会并存　　　／ 240
服装代工厂的逆袭　　／ 242
小旧印刷工厂如何争取大客户　／ 244
如何用小利润换大收益　／ 245
本章小结　／ 247

如何有效导入新理念　／ 249

我们面对着世界性难题　／ 251
世界性难题的常识　／ 253
站在整体视角看工厂　／ 254
相信常识的力量　／ 255
新理念的导入与运用　／ 258
本章小结　／ 261

尾声　绝不妥协，走少有人走的路　／ 263
致谢　／ 265

第一章

用收益倍增案例，解运营决策难题

我有20年的工作经历，曾经在富士康工作了10年，从技术员做到生产部长的职位，随后我进入咨询行业，一干又是一个10年。在这10年的咨询经历中，我走进过近百家企业，其中深度服务过20家企业，做过约30个大大小小的项目。由于在《财富》杂志世界500强企业中学习并积累了一些改善生产效率的经验，许多咨询项目现场改善收效颇丰。但是随着项目的深入，我发现这些改善很难为企业带来长足的提升。于是我开始探索企业运营的深层问题，总结之后发现了一些共同之处。绝大多数工厂效率过低、成本过高、收益不足、产销协同不畅，均是由生产计划混乱导致的。

工厂运营十大难题

我们发现，90%的工厂都或多或少地面临这些难题，不知你的工厂是否也曾遇到？

第一，订单经常无法准时交货。在这种情况下，客户会不停催促工厂发货，催工厂确定最终的交货日期，有时还会安排人员驻厂跟催。这代表工厂的准时交付率非常低，客户已无法忍受了。我们的调查数据显示，许多工厂订单准时交付率不足50%。当然这个数据是指同客户签下订单承诺的交期，而不是工厂的内部计划或二次调整过的时间。

第二，半成品与成品库存过高，每年的利润都在库存里。辛苦一年，财务计算结果显示有利润，但是却见不到现金。仔细一查，发现大部分利润都在库存里"睡觉"。

第三，生产周期很长。销售好不容易拿回来一个大客户的订单，但是由于生产周期非常长，工厂不敢承接。有时老客户发来一个紧急需求，希望工厂能及时交付，但是工厂却很难配合调整生产计划，让老客户慢慢对工厂失去信任。

第四，生产过程中各类问题频发，生产计划人员好不容易调整好的计划，很快就得变更。车间生产人员每日都在不停地调整、修改计划，结果计划没有变化快。原有的调度和统筹人员都沦为应急救援者。

第五，订单只要不跟催，就一定会延期。接回来的订单虽然进入了生产排期，但是销售如果不积极主动地跟进，很容易被新订单计划打乱，或被别人的订单插了队。

第六，无论是老客户还是新客户，销售承接回来的订单金额越来越小，可是加急的订单却越来越多。总之没有最急，只有更急！

第七，生产部门对市场订单需求反应过慢。销售接回一个订单，希望生产部门尽快回复交期，但生产部却慢吞吞的。有时候交期好不容易有了回复，但很快又推后，造成销售很难及时回复客户，客户很不满意。

第八，生产与销售部门不协同，有时会浪费工厂的销售机会，有时会

第一章 用收益倍增案例，解运营决策难题

浪费工厂的产能。于是，生产部门会埋怨销售承接太多的小订单和加急订单回来，让生产部门很难做；而销售埋怨生产部门，生产周期太长，好不容易拉回来的客户和订单，就这样丢掉了。

还有一种情况，生产部门希望接某种类型的订单，比如更大批量的或者是某种系列产品的，可是销售接回来的偏偏是另外一种。

又或者，销售希望将某个订单提前生产，而生产部门总有许多理由无法配合调整。销售迫于压力，向上级投诉，而有时生产部门又变得可以调整了。总之生产与销售部门之间互相抱怨，不协调。

第九，车间经常救火式加班，订单收尾管理混乱。无论是在订单交期临近还是旺季收尾时，生产现场都一片混乱。同时还会产生很多加班补料、补数的紧急事件，导致生产成本急剧上升。在这种情况下，有时车间人手还不够，以至于动用公司职能部门的人力，甚至紧急找来外包工协助赶工。

第十，工厂产能负荷波动过大，有时超负荷，有时设备的产能又闲置。行业的淡旺季或者一个季度的前后期，有时会出现订单和交期过于集中的情况，而有时又没有订单。这样就会造成工厂产能利用率不足，还可能让工人流失。

以上10个难题，最后会造成我们非常不愿意看到的结果——工厂的收益变低。

如果你的工厂也存在以上问题，那就证明我们是"一家人"，是"自己人"。因为根据我的研究与观察，90%的工厂都面临着这些问题，而这些问题背后的原因是高度一致的，且有统一的解决方案。下文我将通过新的决策理念，针对性地解决这些问题，帮助你的工厂实现收益倍增。

中国制造工厂困局与运营突破

工厂投资回报率不高

如果你是工厂的投资者，或者是工厂的总经理，那么你可能会站在更高的层面看待工厂运营问题，比如你会更关心最终的投资回报率。要想进一步提升投资收益，你可能会遇到以下5种情况。

第一，产能不足，也就是工厂接回的订单无法准时交付，交期延误，客户抱怨不停。同时，市场上还有大量的订单机会，工厂却因为产能不足，不敢承接，又不敢轻易抬高价格。

第二，库存过高，占用了大量资金，有时还需工厂支付过多的贷款利息。这时的表现是资金周转率过低，总投资收益不足。到了年底，财务报表上显示有利润，可是都在库存里。

第三，缺订单。当工厂订单不足时，固定资产投资、固定运营成本会被浪费。所以淡季时，工厂一般会根据市场需求进行预测，提前备库式生产，可是往往这些库存无法全部销售出去，最后要么选择打折销售，要么直接报废，以便收回一些材料成本。总之，这样的结果会让工厂的损失加大，收益变低。

第四，利润太低。生产、运营部门终日忙碌，团队也非常团结，效率看起来非常高，可是到定期结算时，总显示利润不太高，有时比行业的平均值还低。

第五，有一种非常极端的情况，是工厂的现金流不足。工厂虽然有利润，但是可能面临着经营停滞的局面，举步维艰。

如果你也面临以上情况，想要提升投资回报率但是找不到方向，找不

第一章 用收益倍增案例，解运营决策难题

到路径，那么我将在后文中与你逐一探讨，为你解答。

工厂运营决策时难题不断

作为工厂运营者，除了定期关心运营结果，应对客户的订单调整、异常处理，还需要做出许多决策，而这些决策也只有工厂运营者才有权限做出。这些决策往往会让工厂运营者左右为难。我们来看看工厂运营者都面临哪些决策难题。

一、省不省成本？

某一提案或改善项目，目的是降低工厂的成本。但是，当某部门提出看似合理的方案时，又会有其他人提出反对意见，比如可能有的风险，以及会增加的其他成本。这个时候就很难决策了。

二、投不投资？

如有一个提案是通过增加投资来提升工厂的收益或降低工厂的成本，而投资又注定会增加成本，所以可能会有另外部门的人提出这项投资并不值得，存在一些隐患。这时，工厂运营者可能也会很为难。

三、改不改善？

我们知道，工厂生产经营的过程需要不断改善，比如生产方式、加工批量、工艺技术、某类产品的上市或退市，包括上面提到的投资，等等。当某个部门提出改善方案时，会详细且有理有据地计算改善收益和投资回报年限。可是财务部、预算部又会提出不同的算法、要求和建议，让计算结果变得不确定。这个时候，也会很为难。

中国制造工厂困局与运营突破

如果你也遇到了以上难题，那么之后的内容，将会为你提供简单且高效的决策方案。

一家服装工厂的做法

有这样一家服装制造零售企业，按常理来看，它不注重成本，在资源上也十分浪费，但它却成了行业的标杆。

这家企业会在货车未装满甚至只装到一半时，就发车跨越整个欧洲送货；它会让租金非常昂贵的店铺中的一些货架闲置；它允许甚至鼓励偶尔的缺货；它还会在工厂就把衣服挂上衣架，不考虑运输成本，每周两次直接送到日本的零售店；有时它还会在衣服上架仅仅两周后，就把它们从柜台上撤下来，不再销售，哪怕还有一些库存也不例外；它还会在发货之前就给衣服贴好价签，哪怕增加自己的成本，也不让店铺现场操作。

最让人不解的是：它已有一处 50 万平方米、每周大约可以发货 250 万件衣物的配送中心，但在这处配送中心全年大部分时间仍有充足能力时，它仍耗资 1 亿欧元[①]，新建了一座占地 12 万平方米的新物流中心。

这是哪家企业？为什么对产能、资源、投资如此慷慨？背后的逻辑是什么？

它就是全球排名第三、西班牙排名第一的服装企业 ZARA。

这时，我们思考一个问题：为何 ZARA 如此不在乎成本？

在季节需求变化快、销售期短的服装行业，它的库存周转率为何能比

---

① 1 欧元约等于 7.28 元人民币。

第一章　用收益倍增案例，解运营决策难题

同行高出数倍？它采取上述不顾及成本的方式，背后的逻辑是什么？是什么原因支撑着它做出了这样的决策？它是否通过牺牲局部成本，换取库存的高周转，才取得了如此的成绩？如果无法判断，让我们再看一个行业标杆企业的做法。

丰田到底是如何挣钱的

丰田汽车公司被公认为"精益生产"的发源地、汽车行业的标杆，或许你在许多场合都听人说起过。但是，我将从另外一个视角为你解读它是如何挣钱的。

丰田在2021年的《财富》杂志世界500强中排名第9，它的利润竟然接近其后5家汽车企业的总和（见表1-1）。

表1-1　2021年《财富》世界500强汽车与汽车零部件制造公司排行

排名	上年排名	公司名称	营业收入（百万美元）	利润（百万美元）	国家
9	10	丰田汽车公司	256721.7	21180.1	日本
10	7	大众公司	253965.0	10103.5	德国
24	20	戴姆勒股份公司	175827.3	4132.8	德国
47	31	福特汽车公司	127144.0	-1279	美国
48	39	本田汽车	124240.6	6201.6	日本
49	40	通用汽车公司	122485.0	6427.0	美国

数据来源：2021年《财富》世界500强排行榜

通过对比丰田与大众的公开数据，我们来分析丰田的生产方式或者说丰田盈利背后的逻辑，看看它与常规企业的运营方式有什么差异。

对比丰田和大众2020年年报（见表1-2），总营业收入丰田是2492.9

亿美元，大众是 2294.4 亿美元。倍率约为 1.09，两者相差无几，丰田略高。

表 1-2　丰田 vs 大众的挣钱程度与速度

项目	丰田汽车	大众汽车	倍率
总营业收入（亿美元）	2492.9	2294.4	1.09
总资产（亿美元）	5703.7	5905.2	0.97
税后净利润（亿美元）	209.1	104.8	2.00
利润率（%）	8.0	5.0	1.60
存货周转率（%）	9.4	4.4	2.14
存货（亿美元）	264.5	517.1	0.51
股价（美元）	181.9	33.5	5.43
单次周转利润（亿美元）	22.2	23.8	0.93

数据来源：2020 年年报

再看总资产，丰田是 5703.7 亿美元，大众是 5905.2 亿美元，倍率约为 0.97，丰田略低，但两者也很接近。

然后看税后净利润，丰田是 209.1 亿美元，大众是 104.8 亿美元，倍率约为 2.00。

而利润率，可理解为挣钱的程度。丰田是 8%，大众只有 5%，倍率是 1.60。丰田高于大众近 1 倍。这两组数据显示，丰田的净利率比大众要高出太多。

这时，多数人认为丰田的效率比大众高太多，其成本更低，管理方式也更先进。如果得出这样的答案，那就错了。

接着向下看存货周转率，可理解为挣钱的速度。当库存转得越快，钱就赚得越多。这个数据丰田是 9.4，大众是 4.4，倍率约为 2.14。这个数据与它们税后净利润的倍率十分接近。

这就是说，丰田用近 2.14 倍的速度（存货周转率），换来了 1.6 倍的

第一章 用收益倍增案例，解运营决策难题

利润率。

再向下看存货，丰田是264.5亿美元，大众是517.1亿美元，倍率约为0.51，大众的存货比丰田高一半。从这个数据来看，丰田完成了同大众一样的销售收入，但是只用了大众一半的存货量，所以，丰田比大众的库存周转率高1倍，带来了高1倍的净利润。

最后我们对比股价。2022年4月，丰田的股价约为181.9美元，大众约为33.5美元，倍率约为5.43。这个指标证明，股民们都在争相购买丰田的股票，都愿意将自己的资金提供给丰田使用。

我们再看一组数据：用总投资减去总库存，得到除了库存的固定资产金额。丰田是5439.2亿美元，大众是5388.1亿美元。这组数据显示，丰田的总固定投入其实比大众高。这时我们需要思考一个新的问题。

打个比方，如果丰田与大众同样在经营旅客船运业务，运送方式有普通游轮和快艇两种，运送同样多的旅客。丰田在总固定投入比大众高的情况下，最后利润率是大众的1.6倍。请问：这两家公司，哪个更像是普通的"游轮"式公司，哪个是"快艇"式公司？

很显然，丰田是"快艇"式公司。虽然丰田与大众拥有同样的投资总额，每年运送同样多数量的旅客。但是丰田是在用快艇运送，大众用的则是普通游轮。这意味着丰田往返的次数更多，运送速度更快。

丰田用它的库存或者说流动资金的快速周转，带动着等量的固定投资一起高速"奔跑"，实现了相当于其他5家企业总和的利润。

还有一个问题，丰田的"快艇"实际上固定投入并不比大众少，那么，是否它运送旅客的费用或单次利润要比大众更高呢？

我计算出了一个单次"航行"利润的指标（即表 1-2 中的单次周转利润），丰田是 22.2 亿美元，大众是 23.8 亿美元。也就是丰田用同样的固定资产，每次运输的净利润其实比大众低。它并没有通过收取更高价格的"船票"，得到更高的单次利润。

这个指标告诉我们什么？在购买原料、生产加工、销售、收回现金这一过程中，丰田其实每轮都比大众挣得少。

案例谈到这里，我知道，每家企业都希望成为丰田一样的"快艇"式公司。但是，大家都因为担心"油耗"过高，拒绝采取这种运送模式。

那么，丰田为何敢于这样做？它背后有着什么样的决策逻辑？

本书之后的内容，就是用案例、故事、数据，以及简便的公式，帮助大家做出像丰田这样的决策，最终实现理想的经营业绩。

多接挣钱的订单，盈利反而更低

有一家生产服装的工厂，它的总运营费用每月需要 10 万元（见表 1-3），其中包括人员工资、能源消耗、厂房租金、设备折旧、其他固定费用。这些可统称为运营费用，就是不会因产销率变化而同比例变化的成本。

表 1-3 服装工厂运营费用及月工作时间

服装工厂月运营费用（万元）							
项目	人员工资	能源消耗	厂房租金	设备折旧	其他固定费	合计
运营费用	3	1	1	2	3	10
服装工厂月工作时间（分钟）							
月工作时间=8 小时/天×60 分钟/小时×22 天/月×95%工时利用率							10032

另外一个关键的数据是，服装工厂每个月有 10032 分钟的生产时间。

第一章 用收益倍增案例，解运营决策难题

即每天工作8小时，每月工作22天，工时利用率按95%计算，每个月可以得到10032分钟的产能。

我们再看看另外几个信息（见表1-4）。为了便于介绍这一决策逻辑，我简化了条件，服装工厂只生产3种产品：男装西服、女装西服和女职业装。

每种产品都有对应的销售价格、材料成本、计件人工成本、边际利润、需求预期指标，这些是基本的数据。

表1-4 服装工厂产品成本与月销售预测数据

产品	销售价格（元）	材料成本（元）	计件人工成本（元）	边际利润（元）	需求预期（件）	月最大产量（件）
男装西服	180	35	12	133	600	
女装西服	160	30	8	122	600	1000
女职业装	130	20	6	104	600	

其中，男装西服的边际利润最高，为133元，其次是女装西服，为122元，最后是女职业装，为104元。另外，假设市场客户对3种产品各需要600件，而A公司每月的最大产量只有1000件。

请问，服装工厂应该如何接单才能盈利更多？

服装工厂的销售部主张承接单价与毛利更高的订单（见表1-5），分别是男装西服600件，女装西服200件，同时不能赶跑老客户，最不挣钱的女职业装同样也要承接200件。这样，接单计划的预估边际利润是12.50万元。扣除固定成本10万元，这个月会有2.50万元的盈利。

表 1-5 服装工厂销售部接单方式收益预测

产品	销售价格（元）	材料成本（元）	计件人工成本（元）	边际利润（元）	需求预期（件）	月最大产量（件）	建议接单量（件）	预估边际利润（万元）
男装西服	180	35	12	133	600		600	7.98
女装西服	160	30	8	122	600	1000	200	2.44
女职业装	130	20	6	104	600		200	2.08
合计	—	—	—	—	—	—	—	12.50

这个时候麻烦来了，生产部提出了困难。生产经理抱怨说："男装西服最难生产，会浪费产能，要少承接点。不然，最后不仅会超过公司的损耗指标，订单还可能会像以前一样延期。到时生产部又会被销售部投诉，公司也会被客户罚款。"

销售部与生产部开始争论，直到总经理出现。总经理提出了一个新的理念，他说："你们的决策依据都对，但是不够全面，没有站在公司整体角度来看。"

此时服装工厂的产能不足，也就是没有足够的产能完成所有订单。所以应该先找到系统中最慢的环节，也就是瓶颈，用它的单位时间最大产值来接单。产值更多的订单，应多承接，其他的依次少接。

于是，在总经理的指导下，生产部与销售部开始了新一轮详细的计算，计算结果如表 1-6 所示，男装西服只接 200 件，女装西服 400 件，原来最不挣钱的女职业装反而要全部承接，即 600 件。最后的生产预估边际利润是 13.78 万元，扣除固定成本 10 万元，这个月会有 3.78 万元的盈利。竟然比销售接单的预估边际利润高出 51.20%。

第一章 用收益倍增案例，解运营决策难题

表1-6 服装工厂总经理接单方式收益预测

产品	销售价格（元）	材料成本（元）	计件人工成本（元）	边际利润（元）	需求预期（件）	建议接单量（件）	预估边际利润（万元）
男装西服	180	35	12	133	600	200	2.66
女装西服	160	30	8	122	600	400	4.88
女职业装	130	20	6	104	600	600	6.24
合计	—	—	—	—	—	—	13.78

计算结果出来之后，销售和生产部虽然认同，但都不知道总经理做出这个决策背后的逻辑。

这时，总经理解释说："我们每月的可生产时间只有10032分钟。不同的产品在生产时，占用的生产作业时间并不相同。如男装西服占用15分钟，女装西服是10分钟，女职业装只需5分钟。用单位分钟产值来看，男装西服表面上最挣钱，但当产能不足时，生产它反而利润更低。"如果按销售部最初的接单方案，服装工厂有可能连2.50万元也难挣到。因为这样接单，生产资源负荷率为119.62%（如表1-7所示）。

表1-7 销售部接单方案收益预测与生产资源负荷率

产品	销售价格（元）	材料成本（元）	计件人工成本（元）	边际利润（元）	需求预期（件）	月最大产量（件）	建议接单量（件）	预边际估利润（万元）	平均花费时间（分钟）	瓶颈产出（元/分钟）	生产资源负荷率（%）
男装西服	180	35	12	133	600		600	7.98	15	8.87	89.71
女装西服	160	30	8	122	600	1000	200	2.44	10	12.20	19.94
女职业装	130	20	6	104	600		200	2.08	5	20.80	9.97
合计	—	—	—	—	—		—	12.50			119.62

这也是服装工厂之前每个月表面上接单有利润，但订单交货延期、成本增加，客户满意度下降、付款不及时，最后大部分盈利都被延误了的原因。

而用总经理的接单方式，生产资源负荷率只有99.67%，如表1-8所示。

表1-8 总经理接单方案收益预测与生产资源负荷率

产品	销售价格（元）	材料成本（元）	计件人工成本（元）	边际利润（元）	需求预期（件）	月最大产量	建议接单量（件）	预估边际利润（万元）	平均花费时间（分钟）	瓶颈产出（元/分钟）	生产资源负荷率（%）
男装西服	180	35	12	133	600	1000	200	2.66	15	8.87	29.90
女装西服	160	30	8	122	600		400	4.88	10	12.20	39.87
女职业装	130	20	6	104	600		600	6.24	5	20.80	29.90
合计	—	—	—	—	—		—	13.78	—	—	99.67

在产能有限的场景下，为何改变一些产品成本、利润的计算方式，利润反而会更高？

本章小结

工厂运营有方法，决策背后有逻辑！

本章的3个案例有个共通点：没有采取固有的成本理念来做决策，而是通过牺牲局部成本，给企业带来更高的利润。

在开篇，我探索了现实中工厂大量表层的症状与底层根本原因之间的联系。当下90%的工厂都存在一些共性的表层症状，我称之为工厂运营的"十大难题"。我们可以反问自己：为什么在处处追求局部效率优先的模式下做出的运营决策，恰恰是工厂运营难、计划乱、周转率低的罪魁祸首呢？

我认为工厂运营的核心问题，正是局部效率优先的运营模式。正是这

第一章　用收益倍增案例，解运营决策难题

种模式，导致工厂在做运营决策时，常因为省不省成本、改善不改善流程、投不投资而为难。

因为在这一模式下，提案部门无论提出什么优化建议，如何计算，都很难得到工厂另一部门或代表公司整体的财务、预算等职能部门的认可。这才是工厂决策变得十分困难的原因。

而运营决策者的工作目标，是要帮助公司提高整体盈利。工厂的投资收益不足，可能是因为产能不足、库存过高或是净利润过低、订单不足。而在现实中，这几种情况往往交织在一起，同时存在。那么，如何才能摆脱局部效率优先的运营模式对工厂的限制，实现突破性增长呢？

后面的内容将帮助处于以上情况的工厂找出简洁有效的决策依据，厘清决策逻辑，找到收益倍增的方案。

第二章

透过成本结构看收益倍增

上一章我们谈到，工厂运营时需要做出许多决策，每个决策从不同视角分析，会得到不同的结果，而不同决策带来的效果，可能会产生巨大的差异。以及，当企业投资收益率不足时，通过不同的决策模式有机会实现收益倍增。

那么，这一章我们将开始讨论如何透过成本结构看收益倍增。

先看一个案例。

饺子馆如何实现收益倍增

有一家饺子馆，生意特别好，门口总排着长队。这家饺子馆的生意之所以如此火爆，是因为老板有自己特有的经营秘诀。

老板的经营秘诀是：只经营3种馅料，现包现煮，用料实在，并且有特制的香料配方。饺子营养健康、口感地道，而且老板始终遵从祖训，不涨价、不减量。小店只有12个桌位，每天经营12小时，每月30天，店内食客长期爆满。

但是,小店的每份饺子只卖 18 元,总成本就有 17 元。其中,材料成本即变动成本占总销售收入的 75%,固定的房租、厨具折旧、水电、人工成本合计每月 2.52 万元,占总销售收入的 19.4%。最终每份水饺的净利润只有 1 元,每月净利润率折算下来只有 5.6%。每天卖出 240 份饺子,每月按 30 天计算,每月净利润只有 7200 元,如表 2-1 所示。

多年后,老板的儿子慢慢长大成人,需要置办房产。饺子馆每月 7200 元的利润虽然可以长期保持,但是相对于现在的房价而言实在是杯水车薪,老板很发愁。

表 2-1 饺子馆最初成本结构

每天销量(份)	每份售价(元)	每份总成本(元)	每份固定成本(元)				每份变动成本(元)	每份净利润(元)	月净利润(元)	月净利润率(%)
			房租	厨具折旧	水电	人工	面、馅、香料			
240	18	17	1.4	0.1	1.0	1.0	13.5	1	7200	5.6
			每份成本占每份售价比例(%)							
			19.4				75.0			

有一次,老板遇到了做工厂顾问的同乡,攀谈几句之后,开始向他诉苦,并邀请顾问前来协助。顾问询问具体情况后,应下他的要求,开始着手观察。

顾问发现,饺子的制作及食用过程分为:和面、切菜、擀皮、拌馅、包饺子、煮饺子,最后顾客在店内吃完后结账。

他发现前面几个工序特别快,而擀皮、包饺子、煮饺子的平均时间分别为:擀皮 1.5 分钟、包饺子 3 分钟、煮饺子 2.5 分钟。得到的结论是,包饺子环节最慢(如图 2-1 所示)。

第二章　透过成本结构看收益倍增

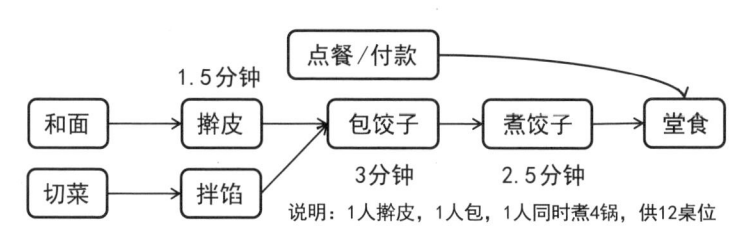

```
和面 → 擀皮         点餐/付款
       1.5分钟    ↘        ↘
            → 包饺子 → 煮饺子 → 堂食
切菜 → 拌馅   3分钟    2.5分钟
```
说明：1人擀皮，1人包，1人同时煮4锅，供12桌位

图 2-1　饺子馆最初的工序与产能

虽然这个环节在各环节中最慢，但是他发现，包饺子的师傅手法十分娴熟，并且已经非常忙碌了。表面看起来，真的没有加快速度的可能。

但是继续观察后他发现，包饺子的师傅有时会停下来，比如前面的擀皮师傅供不上皮时。尽管这位擀皮师傅的速度同样非常快，但是有时也会做点其他事。他还观察到，包饺子的师傅本人也会暂停一下，比如去接个电话、喝个水、上卫生间之类的。

在后厨观察结束后，顾问紧接着研究了饺子馆的成本结构，再看到每天长长的排队队伍，心里就有底了。

于是，顾问找来老板说："我可以帮你多挣1倍的钱。但是你需要做出一点改变。"老板一听多挣1倍，心里为之一振！同时心想："这可能吗？我也经常上后厨，怎么没发现问题？"

于是老板将信将疑地问："需要我投多少钱？"顾问说："不用花1分钱，只需你做出点小改变就行。"老板心想："不用花钱，还能多挣1倍？哪有这么好的事！我看后厨和餐厅都忙得团团转了。"

顾问继续说："你要做出3个调整：

第一，你要定期到后厨看看，馅料不多时，协助拌馅。擀皮师傅忙别的事时，你协助擀皮。

第二，同包饺子师傅做个新规定，他的环节始终不能停，哪怕时间非常短也不行。有事必须离开时，就找你当帮手，总之这个环节不能停。

第三，始终保证至少有10份饺子皮、10份馅料放在包饺子师傅手边，直到晚上收工。"

老板说："这些都好办，我照办。"

老板问了顾问一个问题："为什么要这样做？"顾问回答说："你的瓶颈是包饺子环节，所以我们要努力提升这个环节的产能，这样你才能挣到更多的钱。"

工厂成本与产销量的关系

说到这里，我们先看看成本与产销量的关系。

每家工厂都有固定成本与变动成本，当工厂产销量越大时，一种产品的单位成本则越低。

另外，由于市场的竞争，产品会有一个市场价。这个价格在竞争激烈的行业中大多会在盈亏平衡点附近，如图2-2所示，该点可能在70%产能利用率对应的点位上。

假设工厂有一定的盈利，并达到了产能利用率

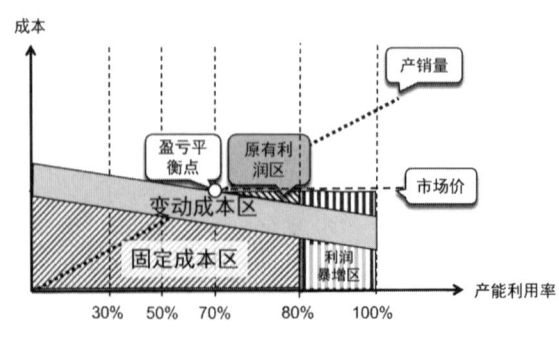

图2-2 产品成本与产销量的关系

80%，这时工厂就会有一定的利润，如图 2-2 斜纹三角形区域。

这时，如果工厂能充分提升产能，将产能利用率进一步由 80% 提升至 100%，并且假设新增的产能在原有基础上不再分摊固定成本，那么利润就会大幅度提升，我称其为利润暴增区，如图 2-2 竖形条纹的区域。

另外，需要提醒的是，工厂生产是由多个工序组成的，各工序间需要互相配合协作，才能完成产品的生产。并且，总会有一个工序相对最慢，我们可称之为瓶颈。工厂的产能是由瓶颈工序决定的。

因此，只需提升瓶颈工序的产能，便能提升整个工厂的产能了。

工厂收益倍增率

回到我们的主题：收益倍增。根据上述分析，这里有一个工厂新增产能收益率的计算方式，如表 2-2 所示。

表 2-2　工厂新增产量收益率计算表

成本分类	成本结构	说明	A 企业示例
变动成本	人工成本（A）	计件工资的人工成本	10%
	材料成本（B）	主料、辅料	30%
	能耗成本（C）	水、电、气	10%
	销售佣金、税金（D）	销售提成、佣金、税金	5%
固定成本	折旧、租金（E）	厂房租金、设备折旧	25%
	管理成本（F）	上述 5 项外的费用	15%
净利润（G）		每个月总营收减去上述 6 项费用	5%
合计		上述 7 项合计应等于 100%	100%
新增产能收益率（H=E+F+G）		新增产能增加变动成本，不分摊固定成本（纯利润）	45%

工厂成本由变动成本与固定成本组成，再加上净利润，应该等于

中国制造工厂困局与运营突破

100%。当工厂新增产能时，无须再新增固定成本。

表2-2中的H项是当工厂新增产能时的收益率，相当于工厂纯赚的钱。

用原有净利润除以新增产能收益率，就能得到新增加的产销率[①]，因此我称之为"工厂收益倍增率"。

如表2-2中A企业的示例。它的变动成本分别为人工成本10%、材料成本30%、能耗成本10%、销售佣金和税金5%。固定成本由折旧、租金与管理成本组成，分别是25%与15%。

最后，A企业的净利润为5%。那么，收益倍增率则是5%除以45%，约为11.1%。所以，A企业只需提升11.1%的产销率，净利润就会提升近1倍。

饺子馆收益倍增行动与结果

回到饺子馆的案例，饺子馆的收益倍增率是22.4%，是用原净利润率（5.6%），除以原净利润率加固定成本占比（5.6%＋19.4%）得出的，如表2-3所示。

所以当饺子馆产能提升大于22.4%时，饺子馆就能多挣1倍。

表2-3 饺子馆最初成本结构与收益倍增率

每天销量（份）	每份售价（元）	每份总成本（元）	每月固定成本（元）				每份变动成本（元）	每份净利润（元）	月净利润（元）	月净利润率（%）	收益倍增率（%）
			房租	厨具折旧	水电	人工	面、馅、香料				
240	18	17	1.4	0.1	1.0	1.0	13.5	1	7200	5.6	22.4
			每份成本占每份售价比例（%）								
			19.4				75.0				

---

① 产销率，即生产并实现销售的量与原有销售量之间的比值。

第二章 透过成本结构看收益倍增

饺子馆老板恍然大悟！试验几天后测算，利润真的多了1倍。

顾问的逻辑是先找到瓶颈。他发现包饺子的师傅是瓶颈，于是对老板提出建议，消除瓶颈环节。当做出替换休息、绝不停工和提前备皮3个调整后，包饺子环节由原来平均3分钟包一份饺子，变成2.44分钟一份，最终包饺子环节平均每小时产出提升了23%。

所以如表2-4所示，饺子馆最后每月利润增加了7452元，相比之前的利润7200元，足足多出1倍多。

我们再仔细看看增产部分的成本，固定成本一分钱不用多花，变动成本一分也不少，而每份的利润由原来的1元变成现在的4.5元，暴增了4倍多，这就是前面谈到的利润暴增区的意义。

表2-4 饺子馆新增产能部分成本与收益

每天增加产能(%)	每天增加销量(份)	每份售价(元)	每份增加总成本(元)	每份增加固定成本（元）				每份增加变动成本（元）	每份增加净利润(元)	月增加净利润(元)
				房租	厨具折旧	水电	人工	面、馅、香料		
23	55.2	18	13.5	0	0	0	0	13.5	4.5	7452
				每份成本占每份售价比例（%）							
				0				75.0		
第一轮改善说明：加快包饺子速度											

老板说："我每天忙前忙后，处理很多事，为何就没有发现这点呢？"顾问提醒说："因为老板每天要面对许多事，做许多决策，但是如果没有做该做的事，无论如何忙，在其他方面如何努力，可能都不会有太好的效果。"

故事听到这里，可能有人会说：你的逻辑是对的，可是我们的工厂没有瓶颈。

那么，我们可以思考一个问题：如果工厂中没有瓶颈的存在，是否就意味着工厂的产能是无限大的？

试问：工厂的产能是无限的吗？如果不是，那么就一定有瓶颈。

从成本结构看工厂收益倍增

评价工厂运营绩效的高低有一个指标，是投资回报率，即 ROI（Return On Investment），ROI= 利润率 × 周转率 ×100%。

要想提升工厂最终的投资收益率，实现收益倍增，有 3 个方向，如图 2-3 所示，我将一一说明。

第一，不增加成本，大幅度提升产能与产销率。注意是产能与产销率一起提升，如果只提升产能，但产品没有销售出去都变成库存，情况就不同了。就像在前面饺子馆的案例中，没有增加成本，增加的产量均销售一空，所以能实现收益倍增。

第二，不增加成本，大幅提升销售订单净利润。当工厂的毛利率提升时，意味着总销售额和利润同步提升。用饺子馆举例，如果老板不参照顾问的建议，而是减少用料成本，将饺子价格抬高 5% 左右，每月的净利润同样可以提升 1 倍。改善方案的前提是饺子馆老板遵从祖训，不减料、不涨价。

第三，不增加成本，大幅减少库存与流动资金。不难理解，就是在销售额不变的情况下压缩库存。要知道工厂的总投资有一部分是被库存、应收款、应付款所占据的。当我们压缩这些资金占用时，存货周转率就会得到提升。当资金占用减少到一定程度，存货周转率提升 1 倍时，投资回报

| 第二章 | 透过成本结构看收益倍增

率同样也会提升。

正如前面的案例中,在相近的总资产、总营收下,丰田用比大众更低的库存量,通过高出1倍的存货周转次数取得了利润高约2倍、股价高5倍多的业绩。

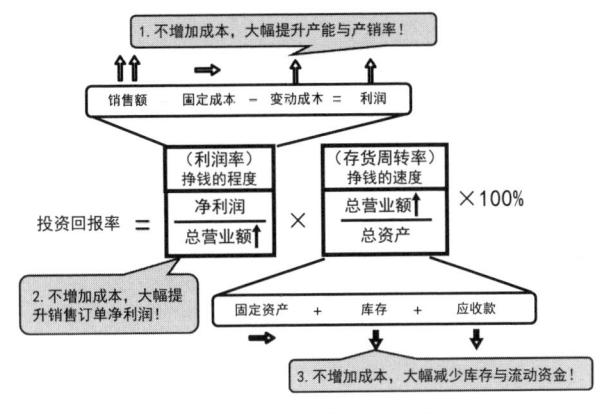

图 2-3 工厂收益倍增的 3 个方向

细心的读者可能会发现,同样的总资产,丰田的存货只有大众的 50% 左右,意味着其固定资产的占比高于大众。我们知道,固定资产意味着固定成本,所以丰田的固定成本其实远比大众要高。

即使在这样的成本与资产结构中,丰田通过更高的固定成本,更低的单次周转利润,更多的存货周转次数,就像"快艇"一样,在更高油耗下快速往返,取得了竞争优势与更高的收益。

所以,压缩库存带来的收益绝不仅仅是资金的利息成本。

本章小结

本章我们用饺子馆收益倍增的案例,说明了工厂的产出由瓶颈环节决定。工厂始终会有瓶颈存在,否则产出将会无限大。

另外,我们通过成本结构推导出了收益倍增率。同时,我们知道瓶颈环节决定整体产出,只要提升瓶颈环节的产能,便能提升整体产出。当我们充分利用现有的瓶颈产出时，工厂就会走进利润暴增区，实现收益大幅上升。

通过成本结构，我们找到了3个实现收益倍增的方向。

这3个方向虽然再明显不过，但是在实际运营决策中，却有许多错误的决策阻碍团队之间的协作与工厂整体的目标实现。到底是什么在阻碍着工厂做出正确的决策，如何避免错误的决策？这是我们马上要揭开的答案。

第三章

90%工厂在犯的错,你犯了吗

上一章中，我们谈到工厂在运营时有3个方向可以实现收益倍增。但是为了实现这个目标，工厂在做决策时会遇到许多障碍。正是这些障碍让工厂运营者做出错误的决策，无法实现经营目标。

这一章，我们将一起讨论会遇到哪些障碍。90%工厂在犯的错，你也在犯吗？

运营难题的原因是什么

第一章已经谈到90%的工厂存在十大运营难题，在这里我不再重复。那么，是什么原因导致了这些问题呢？

我在许多公开场合，包括公开课、咨询实践、线上问答，收集了许多大家给出的答案。我将不同公司、不同部门、不同视角给出的答案进行了总结，发现大家认为的答案共有10类。

第一，供应商交货不及时，缺货严重，导致工厂计划混乱、生产周期长，订单延期。

第二，客户常常改变主意，计划赶不上变化。工厂已制订生产计划，同客户沟通完成交期后，客户要么增减订单量，要么再次修改订单交期。

第三，员工经常缺勤，岗位缺人。生产的主管可能会说，这是因为现在的员工不好管理。

第四，员工没有接受过良好的教育和训练，执行力不足。员工不按要求操作，生产出残次品。

第五，各部门配合不好，缺少详细的工作流程，总有插单。销售、计划、生产各工序之间总是不按规定来；总有一些特殊情况，需要调整生产次序与计划。

第六，生产工艺不稳定、不可靠，所以计划无法准时实施，造成了生产周期变长、计划混乱等一系列问题。

第七，设备老旧，经常被动停机。同人一样，设备如果经常"不听话、耍脾气"，计划就无法准时完成了。

第八，生产过程中存在的品质缺陷问题难以解决。这条同第六条很接近，不过更多非生产工艺原因，而是现场的品质控制没做好，造成品质异常，影响了计划与交货。

第九，实施生产计划需要的数据总是没有或者错误。计划人员、生产主管需要的生产进度、材料到货情况、工单完成数据或者没有，或者信息有误，造成生产计划很难高效、准确地调整。

第十，某些部门的人员不配合工作，品行不良。

这10个原因，无论你是全部认同，还是只认同一部分，都没关系。总之，根据大家给出的答案，工厂运营的难题肯定与上述某些原因有关。

第三章　90% 工厂在犯的错，你犯了吗

那么，我们如何判断这 10 个原因，是否是导致工厂运营难题的根本原因呢？

我们有一个验证的逻辑，如图 3-1 所示，如果一个问题 B 是由 A 和 C 共同作用造成的，我们可以说，A 与 C 是造成问题 B 的原因。

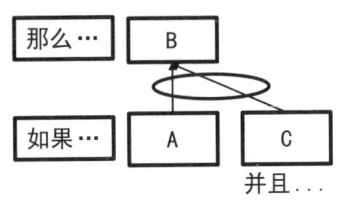

图 3-1　问题原因验证逻辑

或者说，如果 A，同时 C，那么 B 一定会发生。这时，我们可以判定，A 和 C 是 B 的原因。

如果我们认同这个逻辑，那么，工厂的运营状况变成以下状态时，工厂的运营难题肯定会消失，或者大幅减少：

客户永远不改变主意；

供应商供货很及时，随时不断供货；

员工从来不缺勤；

员工训练有素，执行到位；

各部门纪律严明，一切都执行得很到位；

所有流程都很可靠，从没有异常问题；

生产设备不出现故障，也不需要停机保养；

生产全过程质量稳定、一流；

生产信息与准确的数据随手可得；

员工都善良友好，按公司考核要求行事。

这些是前文列出的大家给出的所有原因的反面。如果所有不良原因都消失了，按照验证逻辑，就不会导致十大运营难题。注意，是所有的不良原因，全部都消失了。

如果我们消灭了所有可能造成十大运营难的原因，那么管理工厂将会是小菜一碟，你认同吗？

局部效率优先模式

在运营工厂时，你认同以下这些说法吗？

第一，生产现场有人闲着没事做，是管理不佳的表现。比如，生产设备与人员空闲下来，管理人员肯定不想被高层人员知道。

第二，每个车间、每道工序的效率越高，工厂整体的效率就越高。如果各工序都努力提高自己的效率，系统的整体收益与效率就会增加。

第三，生产时批量越大，效率就越高，所以尽量集批生产。所有工人与现场主管都喜欢大订单，这样做起来更顺手，也会减少设备调整，避免设备因生产不同型号的产品而进行多次切换。

第四，空闲的时候就多生产一点，对公司及客户更有利。旺季时工厂订单很多，许多客户都会催促交货。这时，有些较为空闲的工序也可以尽力多生产一点，这样对公司和客户都有利。

第五，旺季生产很忙时，工厂接到订单后越早投料生产，订单就可以越早交货。旺季时，订单一旦延期，客户就会催工厂交货，销售也会不断给生产部门施加压力。所以在接到新订单后赶紧投料生产，就可以提前交货。

第六，公司的最终绩效结果由每个部门、环节的绩效结果组成，因此表现好的部门，应该多拿点奖金。

第三章 90%工厂在犯的错，你犯了吗

以上说法是绝大多数工厂都习以为常的，可以总结为：只要局部高效率，就会带来整体的高效率；局部的成本之和等于总成本。我称之为局部效率优先的运营模式。

如果你对上述说法全部认同，或认同绝大多数，我们就可以开始进行十大运营难题与十大原因的验证了。

离散型制造工厂[①]运营混乱的核心问题

我们一起来看看离散型制造工厂的现状图，如图3-2所示。看看依据常规运营理念，工厂的问题出在哪里。

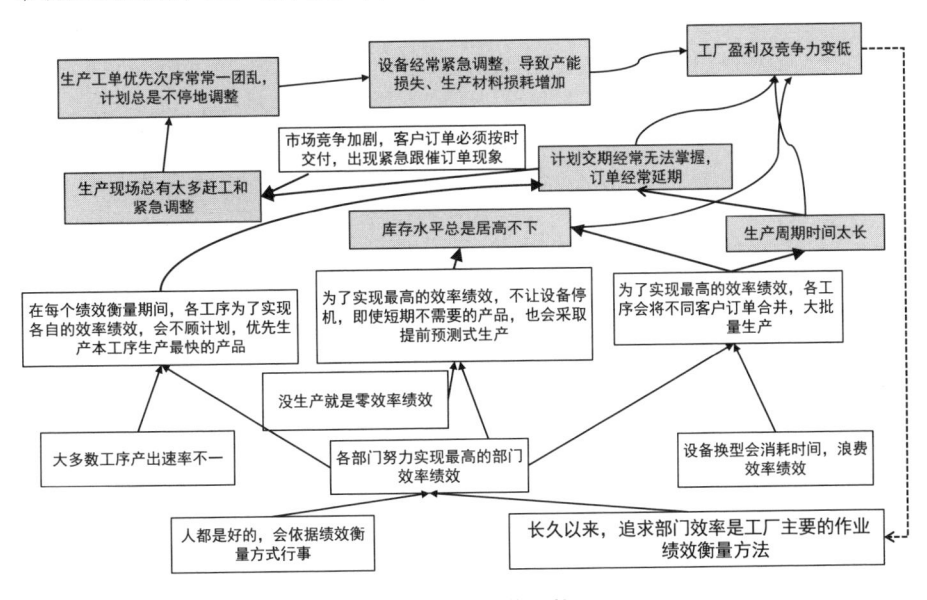

图3-2 工厂运营现状图

[①] 指产品的生产过程通常被分解成很多加工任务。其有别于流程型制造工厂，流程型制造工厂的产品加工过程在密闭的空间中完成，无须人为干预次序与时间。

中国制造工厂困局与运营突破

工厂运营难会有许多不良表现。比如生产周期太长、存货水平居高不下、无法掌控计划交期、生产过程中有太多赶工调整、生产工单优先次序常常被改得一团乱、设备紧急调整。不仅会损失产能，生产材料损耗也会增加，从而导致工厂的盈利降低与竞争力减弱。

这是离散工厂面临的共同问题，或者说是十大运营难题的精简版。

现在，我们一起来做逻辑验证，从工厂运营现状图的最底部开始。

长久以来，追求每个部门的效率，是工厂主要的作业绩效衡量方法。这样必然会造成一个结果，各部门都会努力实现本部门的最高效率绩效。

同时，每个人都不会有意违背公司考核指标，公司考核什么，员工就追求什么。

我们再来看另一个事实：大多数部门、环节，在生产不同产品时的产出速率不一。

当各部门都努力实现本部门最高的效率绩效时，必然会造成一个结果——只优先本工序最高效的作业，有时甚至不顾订单次序及生产计划的安排。比如，会改变订单次序，挑选出最方便加工的订单生产。

我举两个例子：在纯计件工资制中的工厂中，白班经常将难生产的产品留给夜班生产；在考核产量的工厂中，将极难加工的产品型号交给某个工序加工时，为了追求本部门的高效率，员工甚至会让这个产品型号快速变成不良品[1]，切换至下一个型号来加工。

这些看似匪夷所思的事，其实在各工厂的现场、车间中每天都会发生。

---

[1] 指制造业中的不合格产品或暂时无法继续生产的产品。

第三章　90%工厂在犯的错，你犯了吗

我们接着看。没生产就是零效率绩效，所以当各部门努力实现本部门最高效率指标时，会尽量不让设备停机。即使短期不需要的产品，也会根据预测的数据大批量生产。

另外，设备换型会消耗时间、降低效率、影响绩效。所以当各部门努力实现本部门最高效率指标时，就会将不同客户订单、工单合并成更大的批量来生产，导致无论是半成品还是成品，存货水平都居高不下。

与此同时，因为加大批量、合并订单，生产现场的物料会变多，它们都在等候加工，生产周期自然会变得很长。

同样，因为优先生产本工序高效率产品，或按工序效率由高到低的次序加工，同时合并订单，加大批量生产，生产计划次序与订单的交期变得经常无法掌控。

这时，工厂不得不面对一个事实：因为市场竞争的加剧，客户订单必须按时交付，所以就出现了销售与客户的紧急跟催。

于是在销售的催促以及高层的特别关注下，生产现场就会出现赶工与调整。这时，生产工单的优先次序常常被改得一团乱，设备经常紧急调整，于是，工厂便损失了产能，生产材料损耗也会增加。

这个时候我们会发现，当生产周期太长、计划交期难以掌控，同时存货水平居高不下，设备经常紧急调整导致产能损失、生产材料损耗增加时，就会导致工厂盈利降低及竞争力减弱的结果。

明明每个环节大家都在做正确的事，但是最后却难逃厄运。

纵观这一过程，我们发现十大运营难题在这一过程中都有所体现。但是在这个推演中，我们已经去掉了造成十大运营难题的所有可能原因，如

客户主动变更、供应商缺料、生产品质低下、设备及人员异常等，结果却显示十大运营难题仍旧存在。

这时，我们应该可以得出一个结论：造成十大运营难题的，并不是这些原因。这些原因，我称之为"系统内部的异常波动"。因此可以判断，十大运营难题不是因为内部波动造成的。

我们再回看图3-2的底部，长久以来，追求每个部门的效率是工厂主要的作业绩效衡量方法，即局部效率优先的运营模式。这可能才是问题的根本原因！

经过大量的咨询实践和案例研究，我发现，正是因为90%的离散制造工厂都在采取局部效率优先的运营模式，所以才会引发上述一系列问题。

我们为何执着于局部效率

我们为何执着于局部效率？这要从人类的大脑结构讲起。

从进化的角度讲，人类的大脑由3个部分组成，即爬行脑、古哺乳脑、新哺乳脑，也可称为原始脑、情感脑、逻辑脑。

其中，原始脑负责人类的生存决策管理。比如，遇到危险或不确定问题时，决定是打还是逃。它还控制着人的呼吸、消化、血液循环。它的决策速度非常快，是逻辑脑的数百倍。比如，当我们在草丛中看到一个类似蛇的物体时，大脑还没来得及思考与判断，身体便会不自觉地退缩。

原始脑不眠不休，是一个无意识的自动化运作系统。只对简单、熟悉、可控的事务感兴趣。当有处理不了的事时，它才交给逻辑脑思考，比如复

第三章　90%工厂在犯的错，你犯了吗

杂的数学问题或需要逻辑推算的问题。

它还有一个特点，就是如果遇到不理解、无法判断的情景时，就会指挥逻辑脑先进行简化，直到将情景简化到它可以认知和可控的状态。面对复杂问题时，它也会优先选择简化，让问题变得可控。

因此，人们习惯将复杂的系统进行分割、拆解，让其变为更简单、可控的子系统，如图 3-3 所示。

比如工厂规模扩大后，会将不同职能、环节设成独立部门、事业部。工厂规模壮大后，会成立集团职能，并将原有事业部升级成不同的分公司，分公司再分解成更多的部门与岗位。分工带来能力与专业的提升是其最大的价值。

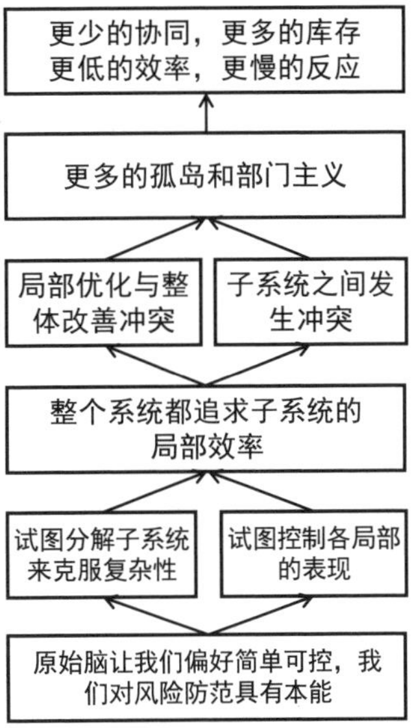

但是，由于我们的大脑对简单的偏好，它会试图分解子系统来减少问题的复杂性。同时，由于我们对风险防范具有一定的本能，我们也会试图控制、考核各局部的表现。

于是，在一个完整的系统中，各子系统就会追求各自的局部效率，这时便会产生局部优化与整体改善之间的冲突，以及各子系统之间的冲突。

图 3-3　人们将系统分割成更为简单、利于控制的子系统

另外，还有一项十分重要且无法忽略的因素，正在用它无形且强大的力量助推、激化着这一冲突——传统财务。

传统财务会将企业的利润来源归结为收入减去成本，并将成本这一大

项，分解为费用以及与制造成本相关的指标，然后再将对应的收入、费用、成本等更细化的指标交由不同的部门进行控制，并实施考核与追踪。

于是，一个完整的系统就会产生各局部职能只负责其局部相关的指标这一结果，即某些职能只负责与收入相关的细部指标，某些只负责与费用相关的细部指标，而某些只负责成本相关的指标。

系统是各环节共同协作、产生价值输出的整体。当一个完整的系统被拆分成不同的局部职能、环节时，自然就会产生一些新的问题，这就是我们常说的"分工容易合作难"。

为了利于分工后各部门的管理评估，在传统财务的成本理念下，各收入、费用、成本会进行二次分解，形成各类更细致、具体的指标，用于各局部部门的考核评估。这样的局部指标考核引发了各局部职能只追求本部门局部指标，各司其职，甚至各自为政的现象，最终便产生了局部与局部、局部与整体之间的冲突，如图3-4所示。

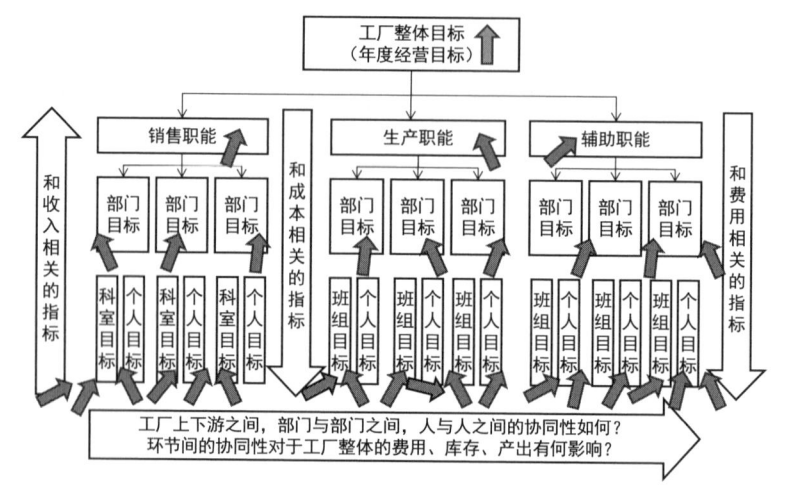

图3-4 局部指标引发组织内部协同不畅与冲突

第三章　90%工厂在犯的错，你犯了吗

"合工"则是组织运营者的主要职能，或称为运营管理者的组织职能。在此背景下，运营者不得不每日面对企业各环节之间、上下游之间、部门之间、人与人之间的协同问题。如果市场竞争力较强，有一定的行业领导地位，还可能面临与客户、供应链、产业链之间的协同冲突问题。

当运营管理者未能洞察究竟时，便会将宝贵有限的精力消耗在每日应对协同与冲突之中，而系统整体的目标却极易被所有人抛诸脑后。

本章小结

将整体分解为局部后进行优化的思维，才是工厂运营难题的根本原因！

本章我们分析了工厂运营十大难题的原因，发现产销协同不畅、计划混乱等问题竟然是工厂追求局部效率与局部成本的运营思维所导致的。

工厂实施局部效率与局部成本优先的运营模式时，本以为会带来整体的高效率，让管理变得更轻松，可却事与愿违。

所以，当我们使用错误的理念与假设，制定出错误的政策与指标时，注定会带来错误的行动与结果。

显然，阻碍工厂收益增长的根本原因，正是局部效率与局部成本优先的运营模式及其背后的思维方式。是它引发了局部与局部、局部与整体之间的冲突，最终导致系统效率变得低下，管理变得更加困难。

它会带来哪些具体的冲突？又会给系统带来哪些低效的结果？我将其给系统带来的危害归纳为"六宗罪"，在下一章节进行探讨。

第四章

局部效率优先运营模式的"六宗罪"

上一章中，我们谈到人的大脑会将复杂系统分解简化为可控的系统，而工厂则通过财务分解的逻辑，将整体目标分解成局部指标，再考核各局部环节。这样会产生一系列矛盾与冲突，我将其总结为"六宗罪"。具体见下文。

激活资源，增加库存

下面我们看看，局部效率优先的运营模式，是如何激活资源、增加库存的。

我们知道，一个没有瓶颈的工厂产能将会无限大，而现实中不存在无限产能的工厂，所以工厂中至少有一个瓶颈存在。

就像一根链条会有一个最薄弱的环节，当拉力足够大时，链条中最薄弱的环节会最先断开。

当我们认可工厂中有瓶颈存在时，也意味着有非瓶颈的存在。这时，我们来看看第一种情景，如图 4-1 所示。当我们在追求局部效率时，非瓶颈工序的产出将大于瓶颈工序，那么，瓶颈工序前将产生更多的半成品库存（在制品）。

第二个情景（如图4-2所示），如果非瓶颈工序与瓶颈工序共同向装配、组装线供料。这时，因为只有零部件齐套时才能装配，所以非瓶颈工序将产生过量的零部件。

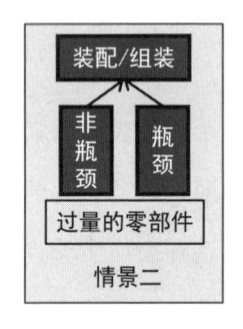

图4-1 情景一，非瓶颈向瓶颈供料　　图4-2 情景二，非瓶颈与瓶颈向装配、组装供料

第三个情景（如图4-3所示），工厂向客户供货时，由于市场需求存在波动，当市场需求低于工厂产能时，则意味市场的订单或高价值订单将是工厂系统收益增长的瓶颈。这时，在追求局部效率的理念下，工厂极易做出激活瓶颈与非瓶颈资源的决策，造成大量的成品库存。也就是淡季或某一订单不足时，工厂常常会通过对未来市场需求提前预测的方式大批量生产，即备库式生产。

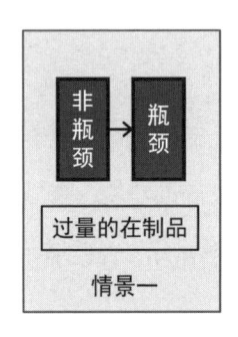

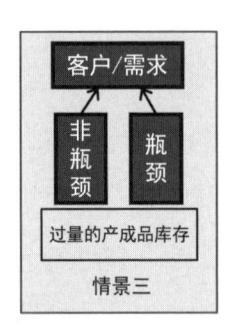

图4-3 情景三，市场需求波动

第四章 局部效率优先运营模式的"六宗罪"

浪费成本，产生虚假效率

局部效率优先的运营模式会导致浪费成本，产生虚假效率。我们看看虚假效率是如何形成的（如图4-4所示）。

工厂中，瓶颈工序为极少数，而非瓶颈工序则是大多数。当工厂追求局部效率，考核局部效率和局部成本时，会产生一个问题，即激活非瓶颈资源，让非瓶颈资源也尽量提升效率与产量。

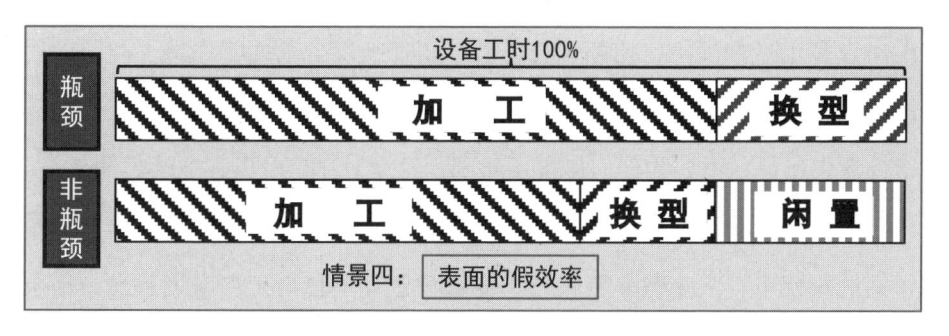

图4-4 情景四，激活资源造成虚假效率

我们用设备可用工时100%做分析，企业为了追求更高的效率、更低的成本，常常会考核并激励各局部工序。此时，瓶颈工序的效率会得到提升，该提升对系统生产有一定的价值与意义。但是，非瓶颈工序这时会怎么做？为了提高效率，非瓶颈工序会尽量减少设备切换，合并订单，甚至私自加量，大批量生产，以节省设备工时，提高效率，减少本工序的工作量。

非瓶颈工序相对瓶颈工序，始终有富余的可用工时。这些工时会被如何利用呢？结果是只能被浪费。

细心的读者可能会想到，上文所说的在理论上是对的，可是作为管理人员，为何在现实的工厂中很少见到这种浪费？

现实的咨询经历告诉我，每个局部的个体都会有自我保护意识，谁都不愿意主动承认自己有空闲和富余的产能，即使存在，也很难清晰地认识到是非瓶颈环节的"福利"！

作为运营管理者，当你有机会进入车间现场巡视时，永远不会发现大量的工时浪费，只会看到偶尔的暂停。

这时，如果你愿意追问下去，有着富余产能的非瓶颈工序员工会同你说出许多正当的理由，比如正在等料、正在换型、前面工序出了问题、后面的设备有异常、本工序设备正在保养，等等。而真正的原因其实是局部指标激发出的效率，为他们赢得了时间。这个效率，可以称之为虚假效率。

此刻，我们还需留意一点：瓶颈环节注定只是极少数，而在局部效率指标的驱使下，大多数非瓶颈环节的虚假效率不仅对工厂毫无意义，还会造成内部混乱，让整体收益变低。

这也是许多工厂生产周期过长，并且很难控制的根本原因。

拉长周期，降低收益

如图 4-5 所示，根据对上述两种情况的分析，我们知道大多数工厂为了追求局部效率，会采取各工序个人计件的工资模式，以最大化提高员工的工作效率，激发他们的热情。

由于不同的产品在不同的工序生产时，产出效率不一，所以最终产出是不平衡的。这时，会产生后道工序不需要但前道工序仍在生产的现象。

第四章　局部效率优先运营模式的"六宗罪"

与此同时，传统会计理念仍在采取固定费用分摊的原则。工厂生产得越多，用传统成本会计准则计算出的单个产品成本则越低。当成本变低，财务的账面则会显示盈利，工厂账面上的绩效结果就会变得更好。

在生产越多、成本越低这一逻辑的支撑下，即使后道工序不需要时，前道工序仍会生产，各工序存在大量在制品将在所难免。

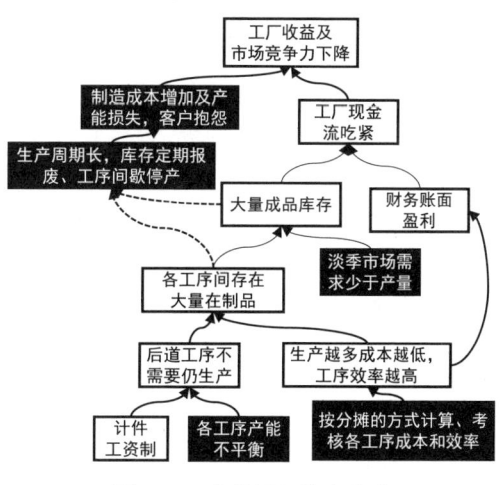

图 4-5　追求局部效率造成工厂收益与竞争力下降

在旺季时，工厂订单与产能负荷增加，当工厂追求局部效率最大化时，各工序存有大量在制品，生产周期会被拉长，此时极易造成客户订单延期的情况，从而引起客户抱怨与催货。

当市场进入淡季时，便会产生大量的成品库存，由于账面存在盈利，不易被发觉。工厂易出现现金流吃紧的问题，导致工厂收益与市场竞争力下降。

由于大量在制品库存以及成品库存的存在，虽然工厂现金短期内还算充足，未出现现金流中断的风险，高管也未及时发现和重视，但是过多的半成品、成品造成的生产周期长、仓库容量不足的问题，也会常常发生。

于是，库存产品定期折价销售或销毁、个别非瓶颈工序的间歇性停产等现象将无法避免。同时这也将导致制造成本增加、产能损失，以及客户抱怨等问题。最终影响工厂的收益与市场竞争力。

追求毛利，错失盈利

在第一章中，我们介绍过一家服装公司的案例。

这家服装公司销售部起初希望承接单价与毛利更高的订单，合计1000件，计划收益2.5万元。

销售部只考虑了销售职能的局部指标，并未考虑到生产部的产能负荷，最终盈利极可能只有0.5万元，并且还会因交期延误，引发客户的抱怨。

销售之所以会采取这样的决策，同样是因为公司用于考核销售的指标均来自销售职能的局部指标，如销售额、产品利润、总销量。

同样，在生产部也是考核局部效率指标，如总人效、产量、损耗率。因此，当销售订单的承接结果对生产部的考核指标产生不利影响时，生产部就与销售部发生了冲突。不仅因为销售部的接单计划会让生产部考核指标变差，直觉还告诉生产部的员工，应该少接难做的产品。

当总经理采用新理念做决策后，则能保障3.78万元的净利润，而且还能准时交货。这个案例充分证明了在各局部效率指标的激励下，不仅极易激发出内部矛盾，而且无论听从销售部还是生产部的局部指标决定，都会降低公司的整体盈利。

下面，我们来看看用局部效率优先的运营模式可能带来更加严重后果的一类场景。

第四章 局部效率优先运营模式的"六宗罪"

追求成本，损失产能

我们知道，绝大多数行业的客户订单以及市场需求会因为终端需求产生一些波动。如各行业在全年中有淡旺季，各个季度、各月份中，也存在下单高峰和低峰。

当处于旺季也就是需求高峰时，销售为了追求局部绩效指标，会采取以下3种可能的行动。

第一，每位销售在局部指标或者销售任务的压力下，均会尽可能地接更多的订单。由于处于旺季，客户需求不断增加，而生产的产能是一定的，这时极易产生超负荷的接单。当工厂超负荷接单后，就会造成订单延期、计划调整、生产混乱、产能损失、生产成本变高等一系列问题。

第二，由于每家工厂的销售，无论是按地区、渠道，还是按大客户分，都会有多个销售端口；同时，工厂不同的产品收益价值也不同，为了完成各自的指标，会产生各销售之间竞争生产资源的情况。这时，更有价值的订单极可能会被忽视，工厂的收益则可能会受到影响。

第三，在订单集中的高峰期，由于局部指标的驱使，销售与生产部为了提升业绩，完成考核指标，当产能不足、订单无法及时交付时，则极易产生增加投资设备、扩充产能的需求，工厂也容易被短期的收入、利润、绩效左右，同意这笔投资。而当需求高峰过后，过高的产能会立即变成淡季的成本和压力。淡季时，工厂采取局部指标考核会产生两种情况。

第一种，工厂仍然采取局部成本和效率优先的决策。当订单不足时，为了保障固定成本不被浪费，同时为了维持产能、人力，工厂便采用预测需求的方式提前下单生产。这时工厂的成品库存很难得到控制，库存资金将被占用。但当考核期到来时，高库存就会被重视。领导一声令下，相关的紧急行动就会启动，工厂部分停产，有时某些部门还会被处罚。当工厂"紧急刹车"时，总会有人受伤。因为库存过高，工厂开始限制产能、控制产量，就会削减人力或控制工作时间。如果是全额计件制的工厂，那些快手、老手会因收入的下降选择离开。即使某些工厂采取了一定额度的保底工资，有能力的老手也会因为收入下降慢慢离开。这也是全额计件制工厂在订单季节波动时，老手、熟手流动大的主要原因。

第二种，工厂有了经验，在进入淡季之初，生产职能就会主动降低产能以控制库存，这样不仅可以节省人工成本，还会降低人均产值或人均产量这一局部指标。但这种情况也会造成上面提到的老手、熟手离开的问题。

作为工厂，最佳状态是稳定，一旦老手、熟手的存在变得不稳定，注定会影响工厂产出。特别是当下个旺季到来时又需要紧急招工，极易造成产品品质不稳定和产能损失。最终不仅影响产能，更损失订单的盈利，造成一种名为"冰球杆"的现象。

"冰球杆"现象是指当工厂基于过去的数据制定出年度目标及分解任务，并将其用于定期考核时，销售部与生产部往往为了完成阶段性指标，会在季末考核期到来之前突击采取一些极端手段，以满足阶段性考核任务。所以在考核期到来之前，许多工厂会发生订单量、产量突然升高的现象。这两条曲线就像冰球杆一样陡峭，因此称之为"冰球杆"现象，如图4-6所示。

举几个我在咨询时遇到的实例。

| 第四章 | 局部效率优先运营模式的"六宗罪"

某汽车配件公司,销售部眼看季度指标难以完成,便提前联系经销商,私下沟通请其提前下单,并承诺在下季度可批量退货或延期付款。

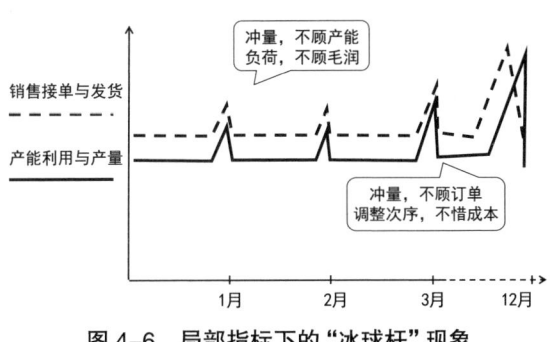

图 4-6 局部指标下的"冰球杆"现象

某建筑石材企业,石材切割车间为了完成年度任务,在没有订单的情况下,私自将大量石料切割成一定厚度的板材,可是来年的实际需求厚度却是另一种。

某铝材企业事业部为了完成每月的产能、损耗指标,提前联合销售,承接了一批易生产但收益极低的订单。每个月会提前测算,如果产量与损耗指标完成有困难,便投入此批订单来生产。最终指标完成了,但其他客户的订单被延期,公司利益受损。

上述几个实例无一例外,都是企业为了提升绩效,实施局部指标考核,最终反而伤害到公司的利益的情况。

这样匪夷所思的例子,我在咨询实践时遇到过许多。每当我同当事人私下交流,问大家为何知道这样做对公司不利,但还是会做时,对方都会表示出一种莫名的无奈,摇摇头作罢。

就像我的一个咨询客户 C 总,在项目方案沟通时,他听取了我们上述内容的讲解后,突发感慨:"难怪!原来如此!这下我知道为什么之前你们所有人(企业各部门负责人)的指标都完成了,只有我的指标没法完成。"

所以，制约理论①的发明者，艾利·高德拉特博士说："只要你的考核够偏激，就别怪我的行为够疯狂。"

各自为政，制造冲突

我们每个人都有过堵车的经历，在一个没有红绿灯的拥堵路段，路口的人都想先通过，所有车辆寸步不让，让原本就拥堵的路口变得更加混乱。

由于没有规则，各局部为追求各自效率与利益，便造成了各自为政、混乱不堪的后果。

这个场景像极了我们的工厂。我们知道，当工厂出现订单拥堵时，各销售端口在各自局指标的压力下，同样会寸步不让，甚至联合客户抗争。而生产现场尽管有自己的局部指标管控，但经常迫于高层的压力，被动地切换、调整订单顺序。

当系统各局部一片混乱时，整体的产出会不断受损。这样混乱的状态就像剧场中前排的人站起来挡住了后面人的视线，后面所有人都被迫站起来，勉强观看完整场演出一样。因此，系统中的所有人既是受害者，也是施害者。

举个我在咨询时遇到的实例：

某企业因追求局部效率指标，大批量生产，造成生产周期过长，无法满足市场客户的订单交期。销售部在独立考核的压力下，同生产部几次沟

---

① 制约理论(Theory of Constraints, TOC)，企业识别并消除在实现目标过程中存在的制约因素（即约束）的管理理念和原则，最早由以色列物理学家及企业管理大师艾利·高德拉特博士于20世纪80年代提出。

第四章　局部效率优先运营模式的"六宗罪"

通无果后集体抗议，向公司高层申请，将订单直接外包生产，或将订单外采后直接转手销售。

这时，工厂的订单不断减少，成本不断增高。为了降低成本，工厂又不断地预测式大批量生产，形成了一种恶性循环。生产部因为没有订单，成本不断攀升，而销售还在进一步扩大外采，最终导致生产陷入瘫痪。最终，这种方式彻底击垮了工厂。外包工厂得知这一消息后集体"反水"，牵制销售部，销售部的订单量急剧下降，最终工厂也损失了市场地位。

像这样局部指标激励带来惨痛代价的真实案例，还有许多。

本章小结

这一章可以总结为：局部的高效率并不代表整体的高收益。

我们用案例与事实，回答了以下几个问题：

为何工厂追求并考核局部效率时会增加各类库存？为何各生产环节、各车间在追求局部效率时会产生虚假效率？为何局部效率优先模式会造成工厂收益与竞争力越来越弱？为何局部指标考核会使工厂错失盈利机会？为何无论在淡季或旺季，局部指标均会造成有效产能的浪费？什么是局部与整体的冲突？都有哪些冲突？以及为何局部指标会激发出让人无奈的"冰球杆"现象。

本章用不同的视角和场景，介绍了局部效率优先模式的不足之处。你可能会想，这只是逻辑与理论上的推演，属于个别极端场景。那么接下来的章节，我将通过3个真实案例进行深入分析与阐述。

第五章

局部效率优先的运营模式产生的实际恶果

上一章中，我们谈到了局部效率优先的运营模式带来的局部与局部、局部与整体之间的冲突，下面我将举 3 个真实的案例，介绍它给工厂带来的现实恶果。这 3 个案例中的企业有着一定的代表性，它们分别是民企、国企和国际化大公司——一家订单式生产的印刷厂、一家服装代工厂，以及一家大型成套机械装备企业。

K 公司内部混乱与收益受损的案例

第一个案例中的企业是民营出口型印刷制品工厂，称为 K 公司。我称其为因局部效率优先模式造成内部混乱、收益受损的案例。

K 公司是我的咨询客户，100% 按订单生产。企业创始人苦心经营，善于工艺开发与客户开发，并将大部分精力放在了设备工艺开发上，其他时间就负责维护好大客户。通过 10 年的努力，公司每年有近 20% 的增长率，前来咨询时，该公司产值已近 5 亿元。

K 公司不仅有完整的产品自产工艺与设备，还将许多进口设备实现了国产自制化，所以在工艺、成本、效率上优势明显，占据了国内此细分领域 30% 的市场份额。

K 公司的生产工艺并不复杂，可分为：原料备料、印刷加工、裁切卷制、包装装箱、成品入库几个环节。

如此快速增长并具有市场竞争潜力的公司，同样会遇到许多管理问题。比如交期延误严重、成本增加、客户经常扣款、生产计划混乱、人员疲惫、组织氛围与情绪低落等。企业内部换过两任生产高管，想过许多办法，仍没有好的结果。

我们通过现场调研了解到，每当客户订单交期临近时，就需要动用公司所有人员前往车间帮忙，并紧急调配大量外包员工、生产人员加班加点。即使这样，也很难保障订单准时出货。

而生产现场的人力、物力并未得到充分有效地利用，总是一边大量投入，一边大量浪费。订单交付结果也并不理想，一部分订单延期的同时，另一部分订单却超产。延期的订单被客户罚款，超产的部分只能报废，所以损失非常严重。

下面，我们来进一步分析 K 公司的问题，看看是什么原因造成了 K 公司内部的一系列混乱。

识别 K 公司的瓶颈

K 公司产品的特点是每个包装箱中至少有 4 款花色，最多时会有 18 款花色。等各花色均生产完成后，才可以包装装箱。所以在包装装箱前，

| 第五章 | 局部效率优先的运营模式产生的实际恶果

有一个裁切半成品仓,也就是待包装区。之前,K公司把这个区域交给了裁切车间管理,只有到包装车间领取包装后,裁切车间主管的工作才算完成交接。

当测算出裁切卷制车间日平均产能后,再根据裁切半成品仓产品花色平均齐套率,就可以计算出裁切半成品仓所需要的存储空间。

举例:如每日齐套率为20%,就意味着半成品存储区域面积至少是每日产量的5倍,方可满足正常的生产运作与周转。如果有50%的齐套率,则只需要2倍的存储空间。而当时对K公司的统计结果只有16%,意味着裁切半成品仓需要近6倍的存储空间。

图5-1显示了当时K公司各环节的产出能力,可以看出,裁切半成品仓便是K公司的瓶颈。

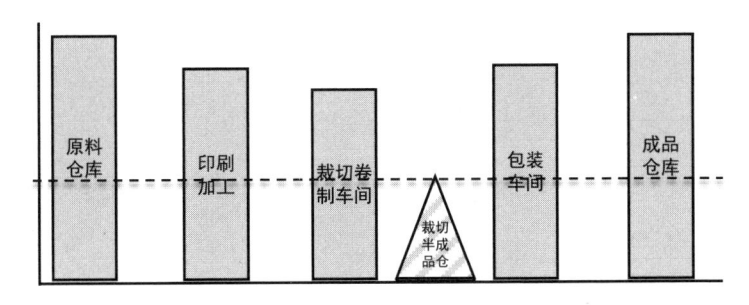

图5-1 K公司各环节产出能力

由此,我们可以得出以下几个结论:

第一,工厂的产能并非无限大,而是受瓶颈环节限制,K公司并没有对瓶颈环节进行识别与控制。

第二,生产的齐套率未得到重视与控制,因为生产投料及生产工单未受控制。

第三，为何生产投料与工单未受控制？是因为计件工资制让各部门追求个人绩效，只考虑本工序效率最大化。

第四，每个订单的花色均为同时排产，为何计件工资制会造成如此多的不齐套产品？这是因为当前道工序的设备、质量或者统计数量出现异常，造成各花色产出速率不一时，各工序为了追求效率，不愿意停下来，优先生产可生产的，有时各班组间甚至"抢"更好生产的花色，其他花色就无法齐套产出。

当我们得到上述结论后，再看 K 公司提出的咨询需求。

K 公司运营的根本原因分析

K 公司在寻求咨询协助时，提出了众多问题，如：

· 工序间协作不畅，关系紧张，组织氛围变得低落。

· 员工经常紧急赶工加班，特别是在交货临近期间，会动用公司所有人员支援，包括行政、销售、财务人员。

· 订单延期比重高，为了赶时间有时会采取空运发货。而这类低价格空芯包装的纸品如果产生空运成本，就意味着订单会亏损。

· 有时还会有客户前来索赔。因为行业订单特性，只会在每个旺季前出现客户催交，如果无法完成，客户也很无奈，只能提出索赔。外贸订单的合同条款对延期的处罚非常严重，至少是加工利润的数倍。

· K 公司通过对比各工序产能历史数据，发现每到旺季时，人均投入

| 第五章 | 局部效率优先的运营模式产生的实际恶果

工时虽然提高了，但产出反而更低。

·材料损失成本增高，不良品、报废品增加。

·工厂的成本增加、利润下降，还有一项至关重要的原因，就是一旦前一年的订单延期被处罚，意味着次年的客户订单极有可能减少。

我们来看这些问题是如何发生的。

正如这个案例的主题，局部效率优先模式造成了内部混乱与收益受损。

K公司采取高效率与低成本的方式生产，并以此为标准，考核激励各工序，如K公司考核的人均产能、设备产能、工单损耗率等指标。

由于不同订单会有不同的花色，而不同花色在印刷时因为难度和工艺、油墨调制等因素，生产效率会有所不同。这时就会产生一个结果：印刷车间在生产时注定无法按规定的时间完成同一订单不同花色的产出，我们称其为"无法准时齐套供料"。

与此同时，不同订单的不同花色，在裁切时效率也不同。这又造成了一个新结果，即在计件制工资的驱使下，裁切卷制班组之间会抢"好"的或能做的先做。于是不仅裁切卷制车间产出齐套率不足，各工序、班组之间还会出现协作不畅、关系紧张的情况，如图5-2所示。

当裁切卷制车间生产出来的产品花色不齐套时，紧接着的包装工序就无法正常包装加工。因此，K公司经常因为裁切卷制车间产出不齐套而无法完成包装加工，被"憋"停生产。

同时，由于裁切卷制车间的产出齐套率不足，暂时不能使用的花色必须占用大量半成品储物车以及半成品仓库空间，裁切半成品仓就出现了"爆仓"现象。

中国制造工厂困局与运营突破

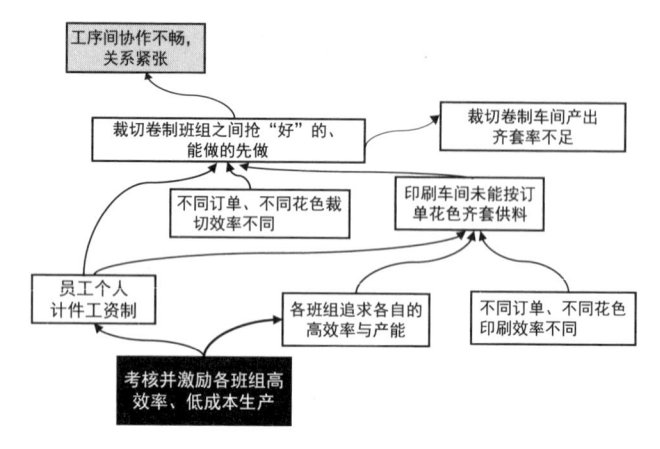

图 5-2　K公司的现状分析（一）

当裁切半成品仓出现"爆仓"现象，就注定无场地规范放置半成品，前面生产的无法入库，因此裁切卷制车间自己也会被"憋"停生产，如图5-3所示。

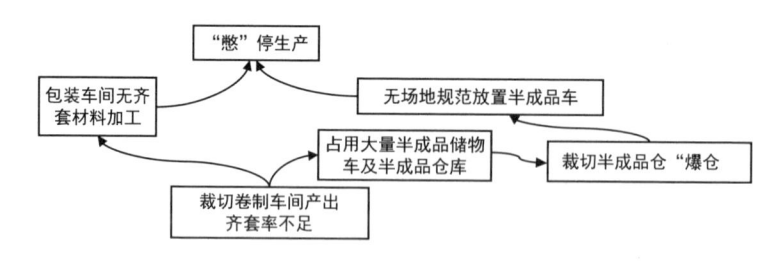

图 5-3　K公司的现状分析（二）

裁切卷制车间的人员为了追求效率，也会满工厂寻找料车、找空位，堆放半成品。

由于工单协作不畅、关系紧张，各工序经常不顾计划与订单次序，"抢"好做、能做的先生产，导致产出效率下降，最终，许多订单就延期了。

· 066 ·

第五章　局部效率优先的运营模式产生的实际恶果

订单延期后，因为外贸合同条款的限制，K公司不得不选择空运发货，增加过多的运费。有时，即使这样也无法满足交货期限，不得不面对客户的索赔。

当"憋停"生产时，K公司的产能自然就损失了。在全额计件制的工厂，工人没事做拿不到计件工资时，会想尽一切办法向工厂提出补助、工时费之类的补偿，K公司的成本也会增加，如图5-4所示。

我们再接着分析，订单延期当然不是突然出现的，在旺季结束前一段时间，生产部门就能分析判断出订单是否会延期。如果会，K公司就采取紧急赶工加班的方式，对订单逐个处理，这样便发现包装工序无法进行是由于产品花色不齐套。

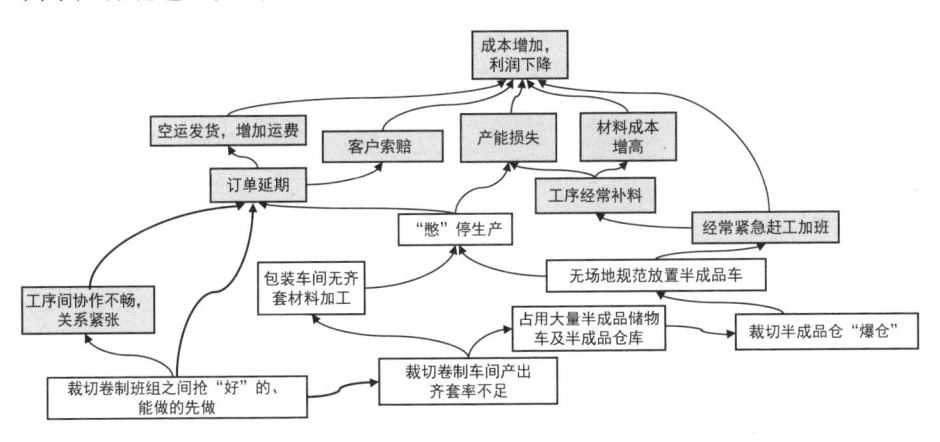

图5-4　K公司的现状分析（三）

于是，K公司就会在整个车间甚至公司内四处找该花色的半成品，这给生产带来了巨大障碍。当然，有时是因为之前生产的数量本身就不足，导致花色不能齐套。

中国制造工厂困局与运营突破

当很难配齐包装数量时，K公司会选择让印刷车间紧急停机切换，为临期订单补料生产。根据历史数据，最严重的时期，印刷车间高达30%的产能都在用于补数。

在这种情况下，产能的损失和材料的损耗在所难免。于是，K公司的成本增加、利润下降，就是最后的结果，如图5-5所示。

当K公司的成本增加、利润下降，并且未能发现底层的真正原因时，在此状态下，不断产生更多的紧急印刷补料，只会恶化印刷车间无法齐套供料这一结果，并引发对局部效率和局部成本考核力度的加大。K公司因此陷入了恶性循环之中，无法消除这种混乱。

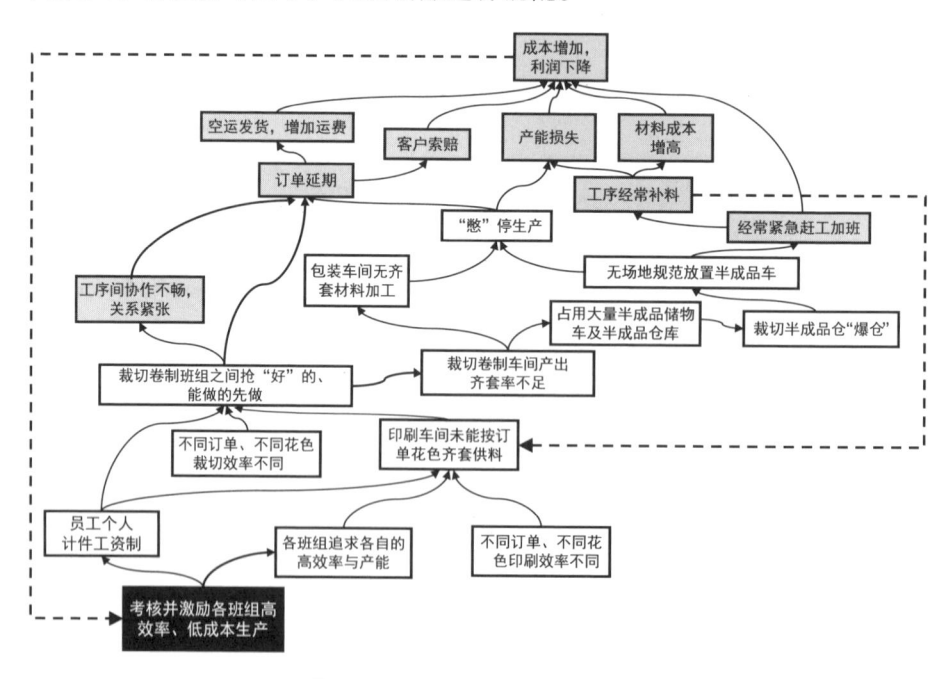

图5-5 K公司的现状分析（四）

第五章　局部效率优先的运营模式产生的实际恶果

正如第三章中对离散工厂的分析，当采取局部效率指标用于考核时，各环节都做着正确的事，并且都非常努力，但最终结果却并不完美。

我们用 K 公司的案例证明了局部效率优先模式的弊端：它不仅会造成企业内部的混乱，更会让整体收益受损。

改善的挑战与挫折

当我们知道了问题的关键，改善起来就会事半功倍！我们已经识别出了 K 公司的瓶颈，就可以制订提升齐套率的改善计划。当齐套率有所提升，K 公司整体产能与效率会得到保障，内部混乱也将缓解，整体收益自然会大幅增长。

为了实现齐套生产，在具体项目方案中，我们实施了许多改善措施。比如，为了实现生产与包装的同步作业，在设备边放置随线装箱的物料小车；制定整箱产品齐套排产制度、设备故障后及时报警的机制，还有与之配套的组织及激励方案。

这些措施的目标都指向齐套生产，会让整体产出增长、收益提升。但是，我们发现上述一系列问题的核心根源是局部效率优先的运营模式。如果这一模式导向不发生改变，则所有改善措施在具体落地应用时会遭到局部效率优先思维的抵抗、对应人员的反对，也就是依然会产生局部效率与整体目标之间的冲突。

在考虑整体收益最大化运营时，唯有忽略个别局部环节的高效率、低成本理念，化解思维限制，改善措施方能得以实施。下面我用改善中的一个具体的例子加以说明。

随线装箱物料小车与激励方案的调整

为了控制与提升齐套率，对花色不多的产品，比如 4 色产品，我们设计出了一款可以一边生产一边装箱的物料小车，以便控制齐套生产，如图 5-6 所示。

生产人员可以直接将加工后的单款花色纸卷放入他身边物料小车的纸箱中，然后向后工序传递，配合齐套排产。这样，当物料小车完成了 6 个设备的走动及装箱后，便完成了整个订单的包装入箱，可以直接打包入库。这样的方式不仅减少了出入库环节的操作，还及时控制了产品数量。

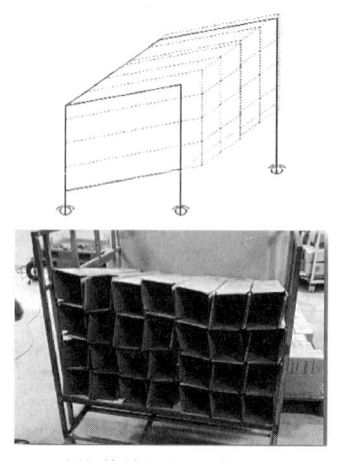

图 5-6 随线装箱物料小车设计图与实物

这个方案不但可以大幅提升齐套率，还能降低公司的半成品库存水平，加快半成品流转。但是，包装人员并不买账。

原因是在旧模式中，没有齐套物料时，包装人员就可以等待、休息，在旧有的工资模式中，即使他们等待、休息，仍有不错的保底工资。而采取新模式后，他们就需要边生产边包装。装箱产出量相对之前的旧模式并不会降低，但是包装人员宣称这样太麻烦，降低了他们的效率（其实是虚假效率），觉得很委屈。所以包装班组开始集体反抗，甚至私下扬言要罢工。

好在方案得到了 K 公司高层的支持，经过及时沟通，K 公司根据现场情况迅速调整了工资方案，包装班组的反抗才得到解决。值得特别说明的是，在总产能不变的情况下，新模式中总包装成本反而降低了，如图5-7所示。

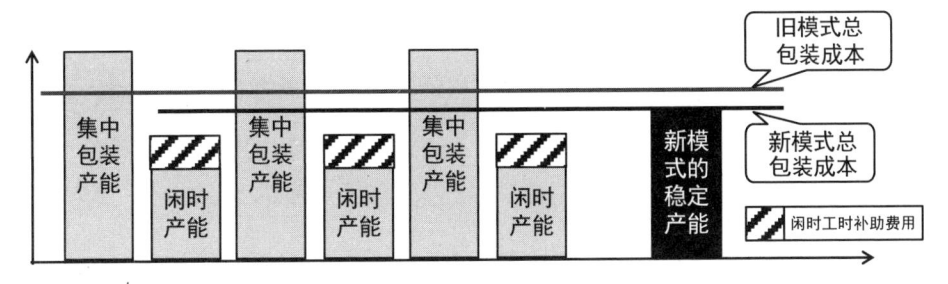

图 5-7 新旧包装模式产能与总成本

经过4个月的努力与改变，K公司的整改取得了不错的成效。这就是采取局部效率考核会造成局部利益与整体目标冲突的实例。这样的小案例在K公司的项目中还有许多。

K公司案例的双赢收益

当所有方案导入并运行了几个周期后，K公司产能提升了20%以上，工单准交率提升了30%以上，员工士气大振；人工成本下降了15%，总成本减少了3%以上；改善主要利用了旧有物料，改善成本在3000元左右；最关键的是，一线工人的平均工资反而增长了10%左右。

值得特别说明的是，为何新模式牺牲了部分效率，但一线员工的工资反而能增长呢？

中国制造工厂困局与运营突破

这是因为强化齐套生产，解决了"爆仓"后的产能"憋"停影响，工厂整体效率得到了提升。另外，强化齐套生产后，产出变得更加均衡，挤出了大量的虚假效率。整体产出增加，虚假效率的工时浪费减少，平均工资自然就会增长。

最终，我们的项目方案让员工、K公司、客户三方都有所受益，项目结束后K公司继续发展壮大。2019年在中美贸易摩擦的影响下，K公司虽然订单量锐减，但利润并没有减少，还在海外投资建设了新工厂。

K公司的案例是一个规模中等的民营企业案例，下面我将分享一个国外大型企业的案例。

国际大公司"黑字破产"

这是一个某国际大型联合收割机公司因为追求局部成本指标，最终造成公司"黑字破产"[①]的案例。

这家公司规模不小，报道称其年营收有100亿美元。1981年至1982年，公司遭受了首次亏损，虽然数字不高，但是相对前25年每年都盈利来说，这可不是一件小事。董事会很重视，于是快速聘请了一位新的CEO。

这位新CEO很有名气，据说他曾因为这样一句话声名大噪——"经营企业并不是知名度比赛"。言下之意是经营公司一定要挣钱，可想而知他的手腕极其强硬。

---

① 黑字破产指企业账面上有利润，资产负债率也不高，却陷入缺乏现金的危机中，既不能清偿到期债务，又不能启动下游生产，企业只能倒闭。

第五章　局部效率优先的运营模式产生的实际恶果

新CEO上任后为了扭转局势，让部下计算公司机械设备产品上各类零部件的成本，有报道称，这些部件有上万种。当计算出各部门的制造成本后，他再与外部的采购价格做对比。

对比后，新CEO做出了两个决策，一是贵的部件外购，不再自己生产；二是对外购部件原生产部门的产能和人力实施削减。

新CEO很有魄力，动作也非常快，不给任何人留一点反抗余地。前期有个别人试图消极应对，但都被他果断处理了，后面便没人敢效仿，他的决策很快就全面落地了，如图5-8所示。

我们知道，当公司削减产能和直接人力时，人力成本虽可削减，但公司的直接人工成本只占总成本极少的比例，而占绝大比例的固定成本实际却并未降低。

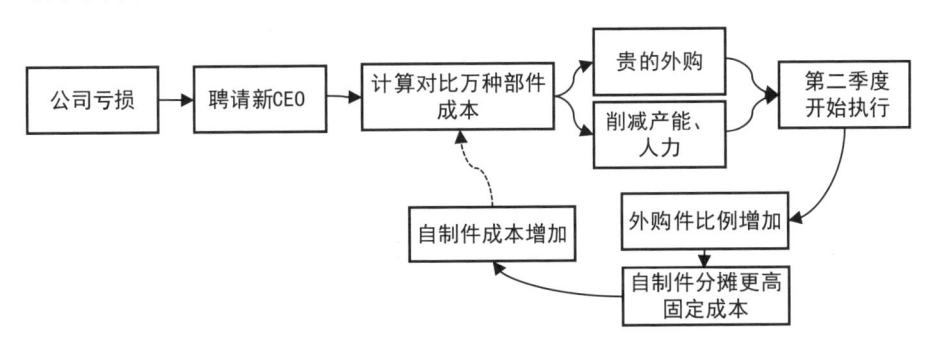

图 5-8　国际大公司决策逻辑分析（一）

新CEO的决策实施后，只减少了零件部门的人工成本，但需要增加采购费用。再次进行测算时，发现上季度原本低于市场价格的零件，这个季度的价格变高了。结果就是外购件的占比不断增加，直到绝大多数零件都是外购的。在这样的情形下,公司经过3个季度的运营,仍处于亏损。

于是新CEO采取了更加积极的举措。他查看了各环节的固定成本,发现公司最大的资产属于组装厂。拥有成套大型机械的组装厂可不是小车间的小投资,组装厂的投资超过10亿美元,并且还需较高的日常运营费用。

他问手下:"组装线的产能利用率是多少?"手下回答:"92%左右,已经很高了。"他回答说:"如果按3班7天(1周工作7天,1天工作3个班次)运行呢?"结果数据显示不足50%。随后他说:"难怪我们会亏损,我们应该提高组装厂投资的利用率,让组装厂3班7天不停地运作。"如图5-9所示。

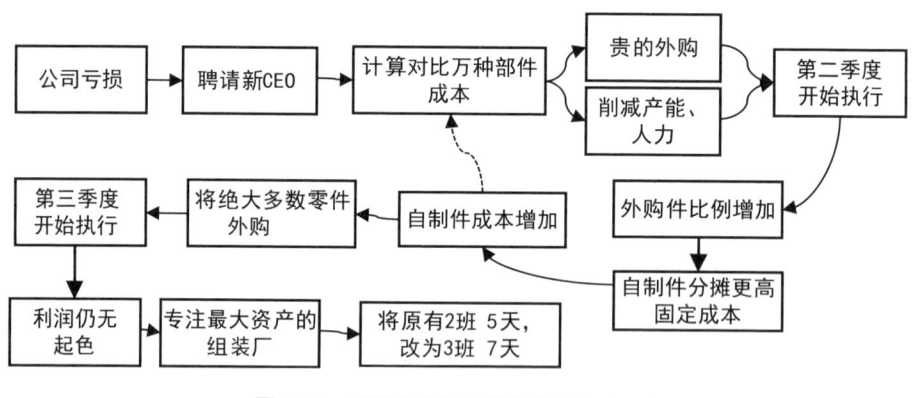

图5-9 国际大公司决策逻辑分析(二)

这时,有人提出如果让组装厂3班7天不停地运作,订单与现金可能都不足。于是新CEO先后向120家银行贷款,没有订单就提前预测生产。他的新举措又一次开始全面实施。

结果是大量的产成品都变成了库存。尽管有大量产品滞销,但是第四

| 第五章 | 局部效率优先的运营模式产生的实际恶果

季度的财务报表却显示盈利了，新 CEO 也拿到了上任时董事会向他承诺的奖励。

新 CEO 终于松了一口气。但是，他实在找不出解决这些库存的方法，也不知道如何再进行成本削减，最终选择了辞职。

下一年度，公司无法面对积压的过高库存，只好一方面将其快速折价销售，一方面裁员限产，据说有近 3 万人因此失业，如图 5-10 所示。

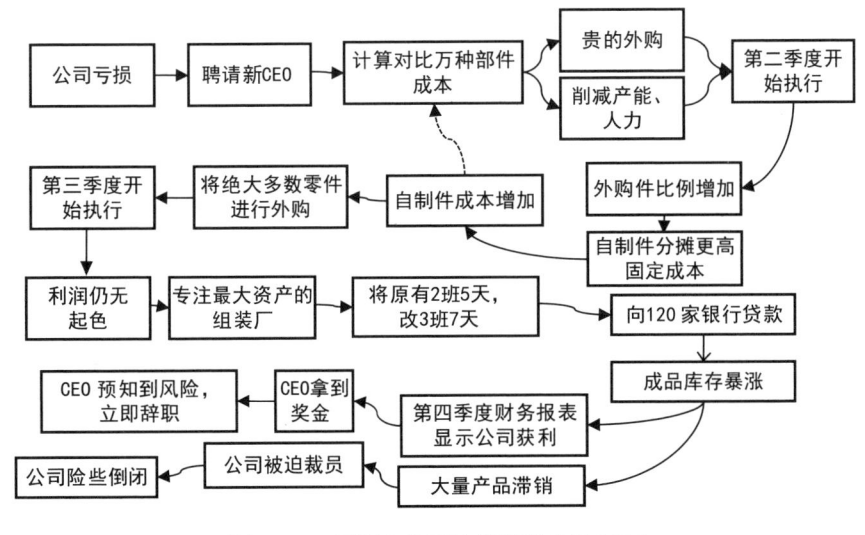

图 5-10　国际大公司决策逻辑分析（三）

故事并没有就此结束。铺天盖地的成品库存不仅挤占资金，还占用大量场地，并且需要定期投入维护成本。公司看到最后的结果时已经无能为力，只好将库存产品折价销售给了农户。因为价格十分低，报纸上用了"乐不可支"来形容农户的心情。

可是，那些以为捡到便宜的农户之前大多是租用这些高价设备的，面对高折扣的诱惑，他们是从银行贷款购买的这些设备。由于之后两年连续发生旱灾，他们无法正常还贷，一部分农户还因此失去了自己的土地。

了解了全部故事后，我们很快会发现，这位CEO其实大错特错。在决策过程中，他貌似每一步都在遵循财务成本的原则削减成本，利润表和资产负债表也都显示他做得非常棒。结果，虽然财务的利润表显示为正，但公司不得不面对因缺乏现金流而发生的"黑字破产"。

采取局部效率优先模式时，因为成本会计是基于局部效率逻辑建立的，所以某些指标、报表会支持这些决策的实施。

这个例子可能有些极端，但是它真实地反映了一个问题：当公司采用局部效率优先模式时，即使最终财务报表上的业绩显示很积极，公司最后也还是难逃厄运。

有人会说这个例子离我们太远，那么再看一个身边大型央企的案例。

大国企竞争力的丧失

这是一家上市国企下属的服装厂，规模非常大，向国内外许多知名品牌提供代工服务。

我们来看它是如何在局部效率优先的运营模式下，让企业的运营能力与市场竞争力逐渐丧失的。

该服装厂隶属国企，拥有很高的银行信用，这就意味着它有低成本的贷款优势。所以当该服装厂盈利不足时，它采取了一个大多数企业都会做的决策：采取事业部制，并通过事业部各自结余利润的方式来激励销售。

第五章 局部效率优先的运营模式产生的实际恶果

也就是销售接单,内部工厂报成本价及生产利润给销售后,销售再加利润报给客户。

这样,生产部将有降本增效的积极性,销售也有多接高毛利订单的积极性。

这个决策很快就见到了效果,销售获得了大量订单,生产部也积极地降低成本、提高效率,如图 5-11 所示。

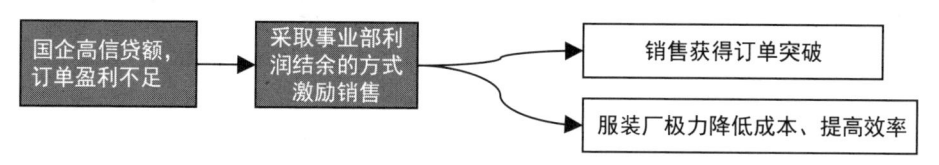

图 5-11 国有服装厂的决策逻辑分析(一)

可是,当销售接的订单过多后,工厂产能相对不足。于是,销售拿到生产部打样后的订单就转向外部工厂,寻求外包加工。有些外包订单销售可以直接管理,有些则需要同工厂一起管理。于是,工厂同样将部分订单直接外包加工。所以,工厂投入了大量的外包管理成本和精力。

要知道外包订单在工厂中没有原料的进出,也没有加工成本的支出,所以,这类订单不能算入工厂产能当中,工厂自有的产能始终不变。

于是,在管理成本增加、产能不变的情况下,工厂各事业部财务核算的产品制造成本不断攀升,新成本报价也不断抬高。

这就造成了一个恶性循环:由于自产产品的成本不断变高,外包相对有利可图,销售和工厂便不断增加外包比重。在我们调研时期,外包比重竟然有 70%。

我们再看工厂在此激励政策下的发展逻辑：工厂运营层有了降本增效的动力，而国有企业一线工人的工资额度有上限，管理层为了加强对成本的控制，减少熟手加班费，最终造成许多有经验的熟手因为收入的降低而慢慢选择离开，如图 5-12 所示。

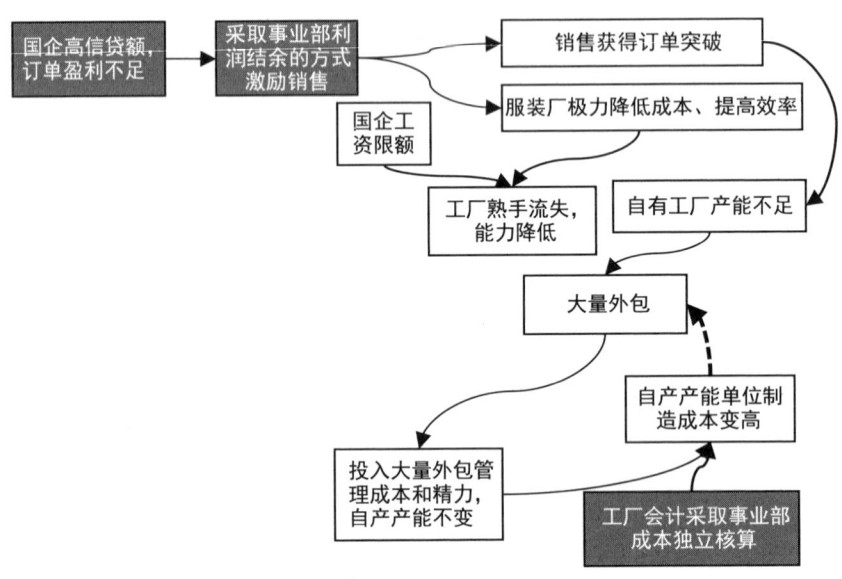

图 5-12　国有服装厂的决策逻辑分析（二）

工厂的管理者投入太多精力管理外包生产，而对自有工厂的管理投入不足，所以自有工厂的产能及运营能力有所下降。而此时工厂的管理者虽然觉得现有激励政策不妥，但由于仍有利可图，所以大部分选择了放任不管。我们咨询调研时发现，只有极少数管理者认识到了员工流失的风险，为了留住老员工，采取了一些不为外人所知的办法。

由于市场竞争的加剧，代工价格变低，该服装厂开始寻找价格更低的

第五章　局部效率优先的运营模式产生的实际恶果

代工厂，导致自产产能及运营能力不断下降。直到在外部竞争对比下，除了可以利用低成本资金优势替客户高比例垫资，基本失去了市场竞争力，如图 5-13 所示。

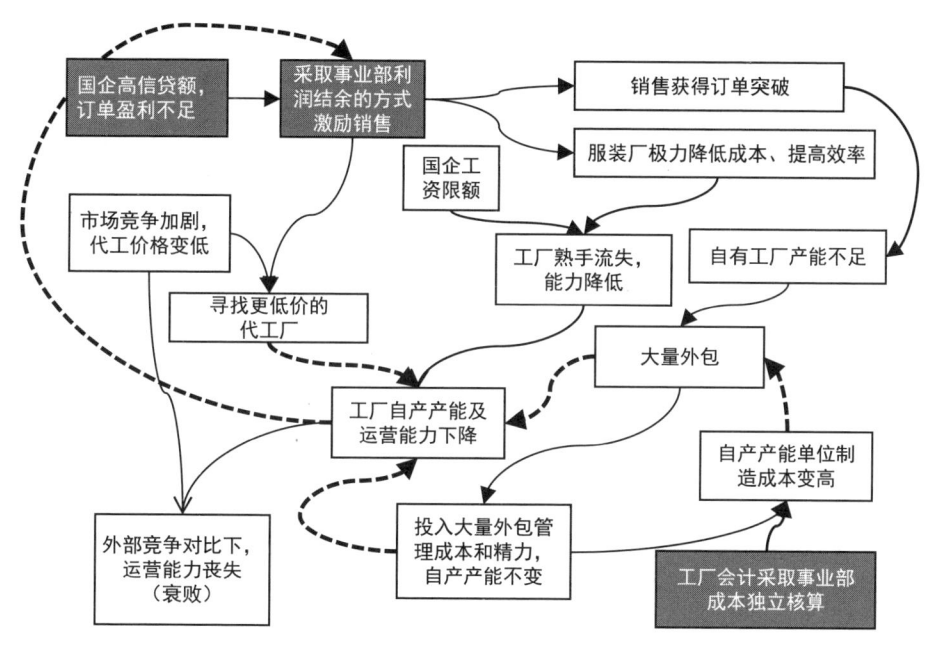

图 5-13　国有服装厂的决策逻辑分析（三）

当然，这不是个案，我们还经手过许多案例。

比如，某铝业企业因减少品检人员的数量，导致总品质成本增加了 10 倍；某跨境电商公司因减少固定仓储人员工资支出，造成单位成本增长 30%，直至亏损；某集团将完整价值链的 3 个生产环节切割成 3 个独立核算考核的事业部，造成公司整体亏损，内部矛盾冲突不断……

本章小结

在这一章中,我们用 3 个真实的案例展现了局部效率优先的运营模式和成本思维决策给工厂带来的恶果。

当我们知道了问题所在之后,有没有更好的方法来应对?有可能规避运营或决策时只关注局部效率或局部成本,给企业带来的危害吗?

答案是肯定的,有更加简便、有效的方法。我们将在下一章详细介绍。

第六章

原来做工厂运营决策可以如此简单

上一章中，我们用3个真实案例向读者陈述了局部效率优先模式及成本思维给工厂带来的恶果。这样做不仅是希望读者能了解工厂的问题，更希望读者能得到有效的应对方法，达到我们共同的目标——用决策实现收益倍增。

下面，我们来展开说明，原来做工厂运营决策可以如此简单！

传统会计与运营管理决策

我们先看一下传统会计是如何指导工厂做运营决策的，为何会造成决策失误和决策障碍？

我们知道，工厂是一个完整的系统，企业主投资建厂，投入原料生产加工，最终原料变成产品，可以换回增值的钱，并形成循环。

当工厂建成后，需要投入变动成本（材料、人工、水电等），并消耗掉一定的固定成本或者说运营费用（管理、后勤、租金、折旧等），将原料变成增值的产品或服务，提供给顾客换回现金，实现工厂的运转。

在这个过程中，我们看看传统会计是如何记录的。传统会计有3张表，分别是损益表、现金流量表、资产负债表，3张表分别从3个视角记录着工厂运营的过程：一个是利润有多少，第二个是每笔现金如何进出，最后一个是工厂的所有投资来自哪里、用在哪里。

这3张表最主要的功能是面向投资人或公众，如实地反映工厂的经营状况。每张表反映的内容不同，如图6-1所示。当然，许多工厂也用这3张表为运营决策提供依据。

损益表也称利润表，反映公司的盈利情况。用收入减去成本、费用等，就会得到利润。

现金流量表记录着每笔现金的进出。用现金流入减去现金支出，就能得到工厂的可用现金。

资产负债表展示工厂的资产情况：有多少资金是工厂自己投入的，有多少是债务，其中总资产中哪些是流动资产，哪些是固定资产。

老板和总经理决策时经常会问一个问题：怎样提升利润？根据传统会计理念，工厂的利润是用收入减去成本，而成本由直接成本和间接成本构成。这时决策者就会得到一个答案：降低成本——控制直接和间接成本即可。

那么，如何知道销售毛利呢？成本会计是用销售收入减

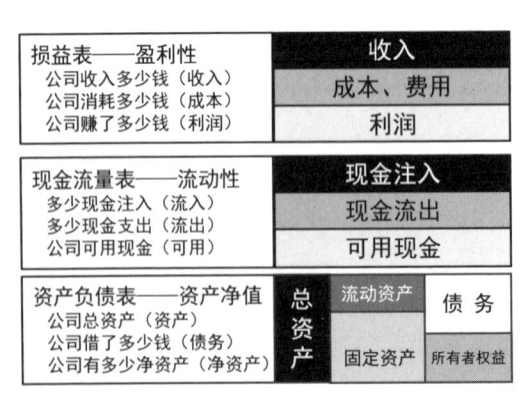

图6-1 财务三大报表功能简图

第六章　原来做工厂运营决策可以如此简单

去直接成本得到的，而直接成本由原料、直接人工、制造费用构成。所以工厂还需要控制这3项。

当新产品投入市场或跟客户报价时，工厂想了解新产品的利润。传统会计会用产品收入减去产品成本，产品的成本仍由直接和间接成本构成，如图6-2所示。

间接成本并不能直接反映在产品中，需要通过某个参数，将固定成本进行分摊才能得出。这个参数是可以直接统计得出的，比如对应的材料成本、人工成本，或者标准工时的用量等。

所以，从传统会计的视角看，要提升产品利润，就得压缩材料成本、人工工时、标准工时的占用。

总结一下，对传统会计来说，所有提升利润的途径为：减少材料成本，减少人工工时，减少标准工时的占用。

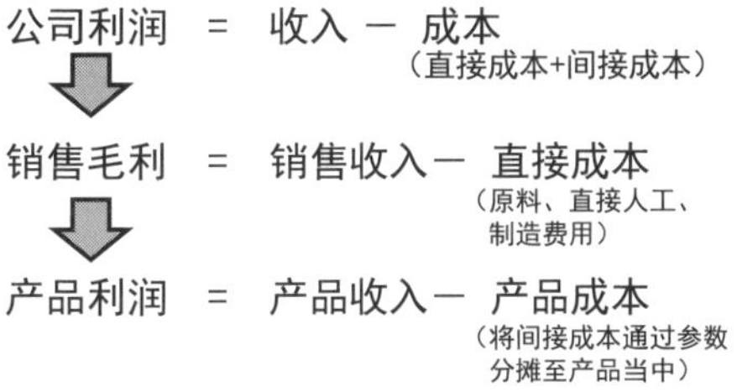

做决策需要数据来支撑，传统会计会说："你想要最新的数据吗？如果你要做年度规划，最新的数据需要等6个月时间；如果是季度的数据，需要等2个月时间；如果是月度的，对不起，也需要等10天。"

公司利润 ＝ 收入 － 成本
（直接成本+间接成本）

销售毛利 ＝ 销售收入 － 直接成本
（原料、直接人工、制造费用）

产品利润 ＝ 产品收入 － 产品成本
（将间接成本通过参数分摊至产品当中）

图6-2　传统财务的产品利润观

决策者问："为何月度的数据还要等10天？"财务说："公司每个月的报表数据要在月底才能全部归结完成，会计还要进行核算，所以需要时间。而且许多作业数据、成本及费用需要进行不同的归类统计，不仅要等待一定的周期，还不一定得到精确的结果。"

于是，我们可以这样认为：传统会计是基于过往的事实数据，核算过去的成本数据，以此作为未来决策的依据，我们称其为"后视镜"。

但是，工厂的经营是面向未来的，决策需要为未来带来收益，当工厂过于关注成本，控制其降低时，难免会受其限制或过于依赖过去的成本信息。好比我们不能总是盯着后视镜开车，如果这样做，将带来许多风险！

事实上，每位专业的财务均是经过系统学习、取得资质的专业人士。但他们受限于会计制度，要满足企业成本核算的公平与统一。财务报表需要公平地评估各类公司的业绩，透明地向政府合规报税，要受到法规、制度的高度制约。财务报表的主要用户是外部股东、投资者等专业人士。

可是公司的运营决策者需要知道如何才能做出正确的决策，如何帮助公司实现增长，还需要看决策能给公司未来的经营带来哪些改变，决策要有一定的预见性。

可惜，传统财务在运营决策这件事情上往往不能给出满意的答案。下面，我们用之前讲过的案例再次证明。

什么是有效产出会计

在第二章中，我们谈到过饺子馆收益倍增的故事。当时饺子馆老板使用的是传统会计理念，想要提升利润便会遇到许多困扰：

- 不能违背祖训，不能省料减料砍价；
- 做人要讲良心，不能减少员工工资；
- 多年老主顾帮衬，提高价格也不行……

第六章　原来做工厂运营决策可以如此简单

顾问很快帮老板实现了收益倍增，其中的逻辑正是我们要探讨的。我们来看传统会计之外的另一种会计。

如图 6-3 所示，我们知道工厂和饺子馆都是由多个工序组成的系统，需要多个环节或工序的配合才能完成产品的生产。各工序之间存在着相依性，即一个工序未完成，后面的工序就无法开工。

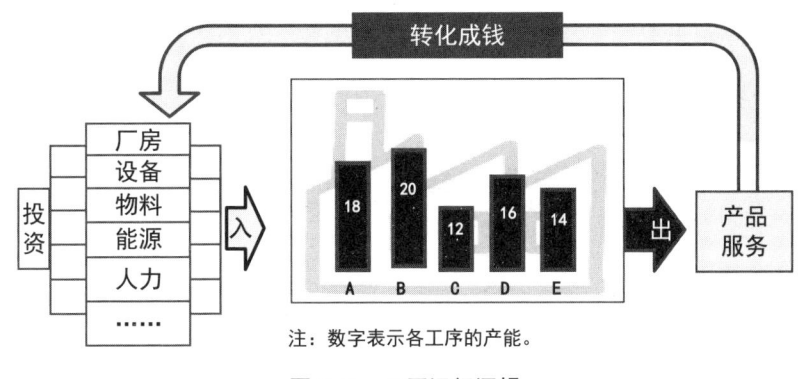

注：数字表示各工序的产能。

图 6-3　工厂运行逻辑

所以，我们可以将相依的各环节比作一根链条。

传统会计理念唯成本论，所以说传统会计是"成本世界"。

在成本世界中，可以将绩效用链条重量来衡量；链上任何一环有所改善，对全链都是有帮助的；整体改善等于局部改善的总和；各环节应处处追求高效率，处处节省成本。

而事实是，绝不该仅仅评价链条的重量，更需要评价它的强度，也就是链条的有效性，我们称之为有效产出会计，或"有效产出世界"。

用有效产出会计评价链条时，会将链条的强度作为主要的衡量指标。

有效产出会计认为，在绝大多数环上增加强度，对全链的强度起不到任何帮助；整体的改善，不等于局部改善的总和；瓶颈的改善效果，才等于系统的改善。

当我们认同这个理念后，再来看看有效产出会计有哪些指标，如何帮工厂简洁快速地做出正确决策。

这里需要向读者做一个补充说明。有效产出会计是制约理论中用于评价组织绩效的工具。所以我们也习惯将它称作"TOC有效产出会计"，因为有效产出会计与制约理论密不可分。

TOC有效产出会计与决策逻辑

TOC有效产出会计是站在整体角度记录工厂运作的，我们先来看3个整体性指标。

第一个指标是"有效产出"（throughput，T）。工厂系统将投入的原料与人力，也就是完全变动成本，经过各工序作业加工后，变成产品或服务，换回增值的钱，形成循环。而增值的速度，称为"有效产出"。

第二个指标是"运营费用"（operating expense，OE），也就固定成本，是无论产能高低均要消耗的成本，这个指标是指产生T所消耗掉的钱。它是工厂的经常开支，即使不开工，也必须支付（如固定薪资、租金、折旧等）。

第三个指标是"投资"（investment，I），指工厂的总投资。是投入工厂系统中的钱，可以是资产，也可以是负债。

可以简单地解读为：T是系统挣钱的速度，OE是系统消耗的钱，I是系统总投入的钱，如图6-4所示。

第六章　原来做工厂运营决策可以如此简单

- 有效产出：系统产生钱的速度
  T=（售价－完全变动成本）÷时间

- 营运费用：组织产生T所消耗的钱，它是公司的经常开支，即使不开工，也必须支付
  （如固定薪资、租金、折旧等）

- 投资：投入系统中的钱，可以是资产，也可以是负债
  （例如存货、应付、应收）

图 6-4　TOC 有效产出会计的 3 个指标

下面我们一起看看 TOC 有效产出会计的 3 个决策公式，如图 6-5 所示。

第一个，系统 T 由瓶颈决定，瓶颈是系统的产能制约资源（capacity constrain resource，CCR），因此，瓶颈的产出速度决定了系统 T。

- 系统的T由瓶颈（CCR）决定
- 产品收益最大化组合：订单T÷CCR时间
- 工厂运营改善决策：（T－OE）÷（I×周期）

图 6-5　TOC 有效产出会计三大决策公式

第二个是产品收益最大化组合公式，即订单 T 除以 CCR 时间（计算结果取最大值）。各家工厂均生产多类产品，当多类产品订单进入系统时，可以通过这个公式决定产品订单如何组合才能实现工厂收益最大化。

第三个是工厂运营改善决策公式。当公司需要做出任何决策时，都可以用 T 减去 OE 的结果，除以系统中的资金占用周期与 I 的乘积，即（T－OE）÷（I×周期）。

每当管理者需要做出运营决策时，就可以使用这些公式进行评估，对比决策前后的计算数据，看决策是否对公司整体更有利。

这3个公式均源自3个整体性指标，是基于未来收益的整体决策，可化解局部成本的限制，帮助公司实现收益增长。并且由此做出的决策具有预见性，简单易行，操作方便。

我们再用饺子馆的案例做一下说明。

饺子馆的案例中，通过TOC有效产出会计思维，顾问深知瓶颈才决定系统产出。于是，首先识别并提升了瓶颈环节的产出，没有落入通过节约成本提高收入的"陷阱"中。

当顾问找出饺子馆的瓶颈，即包饺子环节后，通过继续观察，发现瓶颈环节（包饺子）受擀皮环节的影响，产能受到了一定的限制，所以提出了提高瓶颈环节产出，让擀皮环节始终不停的建议。

结果，饺子的产出速度由3分钟1份，变成了2.44分钟1份。由于瓶颈的产出决定了系统的产出，而在TOC有效产出会计理念中，OE始终不变，所以产能提升后，饺子馆由原来每月利润7200元增长了1倍，实现了每月14652元的净利润。

这就是TOC有效产出会计理念快速帮助饺子馆把收益提升一倍的逻辑，简单且高效。

下面我们再看看TOC有效产出会计的另一个重要指标——投资回报率。

第六章　原来做工厂运营决策可以如此简单

TOC 有效产出会计的投资回报率

我们知道，衡量一家工厂的运营绩效，投资回报率是最为重要的指标，它可以通过利润率与周转率相乘获得。

我们知道销售利润率是由利润除以总营业收入得到的，而利润则等于总销售收入减去固定成本及变动成本。

TOC 有效产出会计中的运营费用，等同于传统会计理念中的固定成本，有效产出则等同于传统会计中的销售额减去完全变动成本。

所以，TOC 有效产出会计里的净利润，等于有效产出减去运营费用。

传统会计中的总资产，等同于 TOC 有效产出会计中投入系统中的钱。

这时，我们可以将利润率与周转率中的总营收值进行约分，得到新的投资回报率公式：T 减去 OE，然后除以 I，投资 I 是指一定期间的投资额。

这时，我们可以得到 TOC 有效产出会计的投资回报率公式：（T － OE）÷（I× 资金占用周期）。

我们发现，这个决策公式里均为整体性指标，可以让管理者始终围绕提高投资回报率这个目的做出决策。

传统成本会计中需要对众多数据做大量统计工作，且原始数据存在统计偏差，固定成本分摊存在偏差，最主要的是，传统会计数据统计存在滞后性以及由此带来的决策障碍。TOC 有效产出会计则可以避免这些问题。

因此，当我们用这 3 组数据做出决策时，无论是决策效率还是决策质量都将大大提高，且简单易行！

这时，细心且具有财务知识的读者，有可能会质疑：TOC 有效产出会计的指标相对传统成本会计无法精准区分，会有风险。

比如，如何定义完全变动成本？个别成本很难100%确定是变动还是固定的。比如电费，当产量高时，企业消耗电量会增高，而产量变低时，企业的耗电量也会随之变少。但是，企业的电费消耗绝不会与产量等比例发生变化。至少没有生产时，某些设备仍需要保持工作，这部分电费仍然归属于固定成本。

还有一个成本比较常被问到，生产车间人员的工资是变动成本还是运营费用？

在TOC有效产出会计中，企业的人工成本一般不会随着产能的变化发生等比例改变，因此应纳入运营费用，作为固定不变的成本。

TOC有效产出会计的决策逻辑是面向未来的，不再依赖旧有的精细数据，就可以快速做出对整体有利的决策，不再受限于成本会计准则、指标的限制。所以制约理论的创始人高德拉特博士说："大致的正确，总比精确的错误要好。"

TOC有效产出会计与工厂收益倍增

这时，我们就有机会使用TOC有效产出会计找到3个收益倍增的方向了，如图6-6所示。我们先看这3个方向如何用TOC有效产出会计解读。

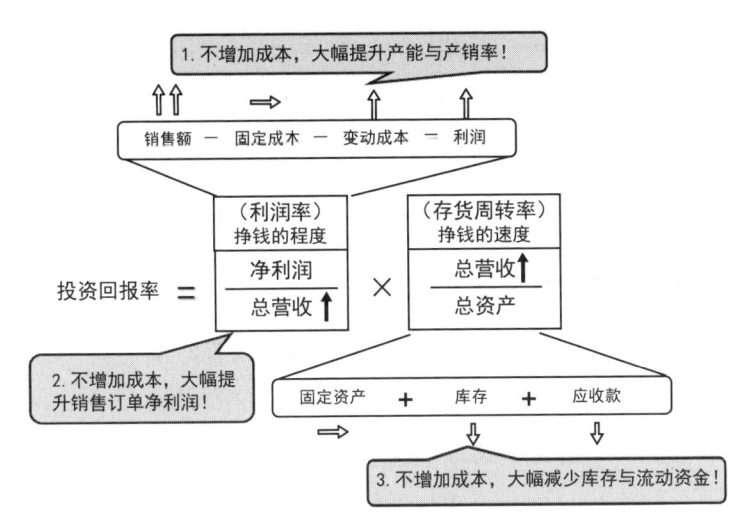

第六章　原来做工厂运营决策可以如此简单

图 6-6　工厂收益倍增的 3 个方向

不增加成本，大幅提升产能与产销率。

因为运营费用不变，而瓶颈决定了系统的产出，所以只需识别出工厂的瓶颈，大幅提升其产能，便可以轻松实现收益倍增。

至于瓶颈产能需要提升多少才能实现收益倍增，则需参照前文关于收益倍增率指标计算的内容。

收益倍增率数值的高低由各公司现有的成本结构决定，但至少给工厂运营决策提供了清晰的目标：设法提升瓶颈产能。

不增加成本，大幅提升销售订单的净利润。

通过有效产出产品组合收益最大化，便能实现这一点。

在现实中，同一工厂产品的系列、型号众多，瓶颈环节的工作任务类型也丰富多样，我们可以思考两个问题：

第一，工厂中所有的产品和任务，瓶颈的单位时间产出价值相同吗？

第二，工厂中所有的产品和任务，只有瓶颈的单位时间能胜任吗？

当我们得出这两个问题的答案时，对于实现瓶颈产出收益扩大，便有了更好的决策方向。

不增加成本，大幅减少库存与流动资金。

TOC 有效产出会计的投资中，只有流动资产具有压缩的可能性。那么，当我们利用这一决策逻辑时，便能找到资金收益率变化的决策空间了。

帮工厂实现库存压缩，减少资金占用，就能创造更多的可能与机会。具体的案例与讲解，后续我们将详细展开。

本章小结

通过本章的介绍，我们了解到实现工厂收益倍增可以通过增加产能、提升订单接单利润、压缩库存与流动资金这 3 个方向进行，并理解了 TOC 有效产出会计的 3 个整体性指标。通过 TOC 有效产出会计的整体性指标与逻辑决策，不仅可以有效化解局部成本带来的思维限制，更能帮工厂做出高效决策。

比如，参照 TOC 有效产出会计的决策逻辑，可以帮之前已经实现收益倍增的饺子馆再次实现收益倍增，下一章我们将详细介绍。

第七章

产能不足的工厂如何实现收益倍增

前文提到，采取局部效率优先的运营模式会给工厂带来灾难，还谈到了成本会计是生产力的头号杀手。有效产出会计则相对简单且有效，它只有3个整体性指标，分别为有效产出、总投资、运营费用，以及3个决策公式。在做运营决策时，有效产出会计不仅可以化解成本会计的思维局限，并且非常简洁、高效。

下面让我们一起看看已实现收益倍增的饺子馆，在新理念与指标的指引下，如何通过决策再次实现收益倍增。

制约理论的解决逻辑

在开始讲解案例前，我们先介绍一下有效产出会计的背景。

前面我们谈到，有效产出会计来自制约理论。在具体应用有效产出会计前，我们先进一步了解制约理论的工厂解决方案。

TOC（Theory of Constraints），中文译作约束理论、制约理论或瓶颈理论。制约理论的核心理念是，现实世界中只有极少数的限制条件制约着整个系统。

其中一个是物理的限制，它限制了工厂的产能发挥。另一个则是思维的限制。

物理的限制很容易理解，它来自系统中的某一项资源，比如产能、资金、系统输入的订单或原料。

而思维的限制则来自人们的直觉、惯性思维，甚至是惰性与恐惧，它极难被发现，但是一旦被找出，就会使人茅塞顿开。

正如我们前面花了大量篇幅介绍的离散工厂运营现状，工厂表面的众多不良症状，均源自一个深层次的根本原因，即工厂的局部效率思维。

说到这里，我不得不正式介绍制约理论的创始人高德拉特博士。他是一位物理学家，却将物理学运用在了企业管理上，创造出制约理论。这一理论与"精益生产""六西格玛"并称"世界三大生产管理理论"。

制约理论认为，之所以会有制约的存在，是因为我们要站在整体视角看待系统。因此，高德拉特博士为系统的整体提升提供了一个流程，即聚焦5步骤：识别瓶颈、挖尽瓶颈、迁就瓶颈、提升瓶颈、返回重复。这5个步骤持续循环，如图7-1所示。

当我们理解系统注定存在瓶颈，并且认同瓶颈决定着系统的产出时，那么首先第一步，就应该识别出系统的瓶颈，找出限制系统产出的因素。关键词：识别。

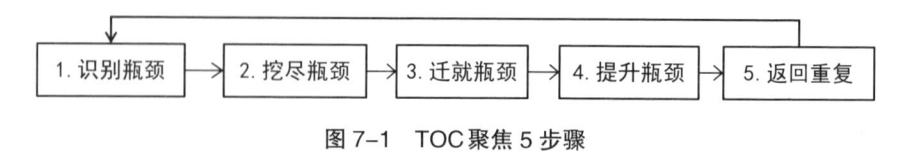

| 1.识别瓶颈 | → | 2.挖尽瓶颈 | → | 3.迁就瓶颈 | → | 4.提升瓶颈 | → | 5.返回重复 |

图7-1 TOC聚焦5步骤

第七章　产能不足的工厂如何实现收益倍增

当我们知道了瓶颈决定系统的产出，那么找出瓶颈资源未被充分利用的原因，便可找到提升系统产出的有效途径。于是，如何充分挖尽和利用瓶颈资源，就应紧随其后。关键词：挖尽。

我们知道工厂是由多个环节相互作用组成的一个完整系统，那么挖尽和充分利用瓶颈环节资源需要做出的相关决定、措施，注定无法由瓶颈环节独立完成。或者说，挖尽和利用瓶颈环节资源的相关措施，并非只是瓶颈环节的责任，而是系统内各环节共同的任务。

系统其他的非瓶颈环节之所以不是瓶颈，是因为它们有富余的能力。因此，非瓶颈环节均应积极配合挖尽瓶颈的行动，哪怕需要承担更多的任务，甚至付出一定的牺牲。关键词：迁就。

完成了对瓶颈资源的利用后，可以获得更高的有效产出。如果系统中的瓶颈仍限制着系统产出的增长，那么，这时才应该通过投入新资源的方式提升瓶颈产出。关键词：提升。

如果没有经过第二步和第三步的挖尽与迁就就直接投资，将给系统造成负担，不仅会降低系统的投资收益，有时还会产生灾难性的后果。现实中的企业普遍存在过度投资、行业集体产能过剩的问题，均是由这个原因所造成。

最后，因为系统的产出始终由瓶颈限制，当目前的瓶颈被打破时，就意味着新瓶颈的产生。此时，本着持续提升产出、最大化投资收益的原则，就需要返回第一步，再次识别新的瓶颈，循环运用聚焦5步骤。绝不能因为惰性，限制工厂的持续增长。关键词：返回。

这一切都太抽象了，下面我用一个典型例子来说明。

我们来看看，如何在一群羊过桥这个场景中，运用聚焦5步骤。

改善一个系统时，首先需要定义系统的目标，比如这群羊的目标就是尽早安全回家。

第一步，识别瓶颈，瓶颈是桥。桥的可供通过能力限制了羊群的移动速度。

第二步，挖尽瓶颈，即桥的通过量。可以让羊群有序排队，全速通过，并且大羊可以驮着羔羊。总之在桥现有的条件下，最大化提升羊群通过量，此类措施都属于挖尽瓶颈。

第三步，迁就瓶颈，指所有的羊群需要配合与迁就挖尽瓶颈时所做出的一切规定，无论愿不愿意，这样才能保障最大化利用瓶颈资源。

第四步，如果仍无法实现系统目标，则需要投资拓宽桥，或另找一座桥通过，即投入新的资源。

第五步，则是找到系统目标的下一个瓶颈。

饺子馆产能不足，如何实现收益倍增

我们用饺子馆收益倍增的案例，介绍如何运用有效产出会计以及聚焦5步骤，帮助这家已经实现收益倍增的饺子馆，再次实现收益倍增。

回到饺子馆的案例。饺子馆老板接受了顾问的3个建议，包饺子环节由原来每小时20份，提升到了每小时24.6份，现在每个月盈利是14652元，如图7-2所示。

此时包饺子与煮饺子环节相对来讲较慢，它们成了当下影响饺子馆提

第七章 产能不足的工厂如何实现收益倍增

升盈利的瓶颈。

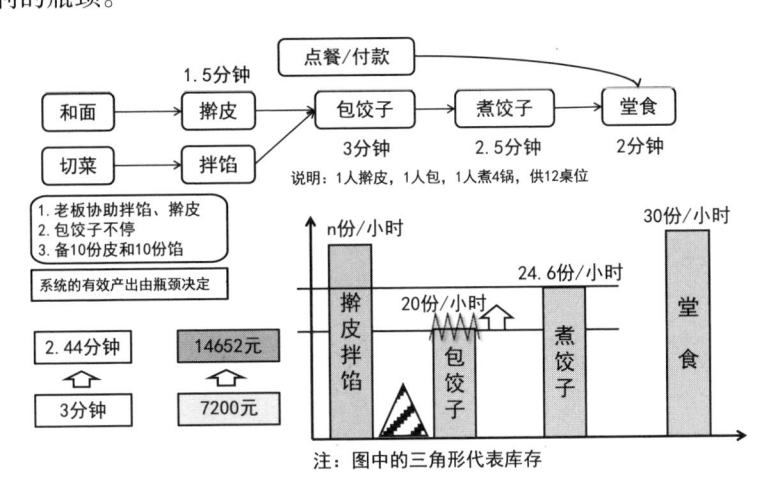

图 7-2　饺子馆首次收益倍增方案

之前，经过顾问的提点，虽然饺子馆老板已经多挣了 1 倍，但是孩子成婚需要购房，老板急于再增加收益，所以他再次联系了顾问。他在电话中说："通过上次的改善，饺子馆的利润增加了 1 倍，我很感激！还有能挣到更多的机会吗？"

在电话的另一端，顾问思考了片刻后回答："方法是有的，当下已经到了提升环节，就是需要通过投入资源实现收益提升。"

为何顾问说此刻需要投资？首先因为饺子馆要遵循祖训，不能贸然提出减少用料、提高售价的方法。其次，根据聚焦 5 步骤，之前已完成了识别瓶颈、挖尽瓶颈、迁就瓶颈环节，现在到了提升瓶颈的环节了。

于是，顾问接着同老板讲："饺子馆不缺少顾客，瓶颈仍在内部产能上。而产能又限制在包饺子、煮饺子和用餐环节。你想一下，有没有可能再次充分提升产能、挖尽瓶颈？哪怕投点钱，增加点成本？"

老板想了想，说："可以增加一个学徒帮忙包饺子，包饺子学起来快。煮饺子现在是一灶4锅，换成一灶8锅，这样可以提升速度。就是成本增加太多了。"

顾问追问道："成本会增加多少？后厨面积与餐厅面积够吗？"顾问已经开始评估饺子馆规模与收益增长之间的平衡了。

经历过上次的改善，老板对许多信息掌握地非常详细，直接回答说："后厨空间够，多包的饺子可以像以前一样走外卖渠道，所以面积不是问题。但是人工每个月会增加3000元，水电费会增加2500元。购买设备和改造要花50400元。这样下来，原包饺子、煮饺子环节的成本都将大幅增长。上次就是这个原因，老婆怎么都不同意……"

顾问得到后厨和餐厅面积足够的信息后，心里就有底了，回复说："不要算局部的细账，只要每月增加的有效产出大于运营费用，就没问题。"

老板心里还是没底，说："我不太懂，您能帮忙算算吗？"

瓶颈突破与集体抗拒

我们再回到理论上，如何实现提升系统的聚焦5步骤？如何解决瓶颈突破中的集体抗拒问题？

还记得上一章K公司的案例吗？虽然严控齐套生产最终可以给企业及工人带来巨大的收益，但是包装人员还是表示反对。

事实上，工厂的任何行动都是基于政策与指标的牵引，而政策与指标则源自工厂的理念与信念。

第七章　产能不足的工厂如何实现收益倍增

当工厂采取旧有的成本思维，认为局部效率优先，成本是唯一的重要指标时，只会造成工厂寻求局部高效率、低成本，大批量生产、流转、采购，减少设备切换、减少停机等一系列行动，最终造成工厂运营绩效低的现状。

要想改善绩效，就需要改变行动，要想改变行动，则需要改变工厂的政策与指标。而全新的整体性指标来源于有效产出会计。如果有效产出会计不能贯穿工厂的整个流程并形成新的政策与指标，那么每个改善行动可能都无法得到全局的配合实施。或者说，所有改善行动都是迁就和挖尽瓶颈的举措，如果工厂内部的理念不变，则迁就难以实施。

所以，必须采取新的理念引导工厂做出决策和行动。绩效测量基准（performance measurement baseline，PMB）模型可以用项目绩效测量的阶段预算计划。

回到饺子馆的案例，如果按顾问的建议投资新厨具，不仅会增加固定成本，还会增加水电费，另外还需要增加一名人工的费用。虽然产能可以提升60%，但是对应新增加的产能，成本太高，老板娘觉得不划算，不同意这样做。经过多次电话确认后，顾问将老板娘的计算方法记录如下：

房租不发生变化，不用计入。

之前3个人一天做240份饺子，每份饺子的人工成本是0.81元。现在人工费用每月新增3000元，因为新手手速慢，饺子每天增加177份，折算进包饺子环节，每份饺子的人工成本就是0.56元。

厨具投资和改造会花50400元，按24个月折旧，每月折旧2100元，每天新增加177份饺子，折算进每份就是0.40元。

水电每月同样新增2500元，每天新增加177份饺子，折算进每份饺子就是 0.47 元。

新增产能的人工、水电、厨具折旧，三项合计的新成本是 1.43 元，如果加上每份饺子原有的房租 1.14 元、厨具折旧 0.08 元、水电 0.81 元、人工 0.81 元，原料 13.5 元，合计是 17.77 元。每份饺子售价 18 元，净利润是 0.23 元。相比之前每份 1.66 元的净利润，就不划算了，如表 7-1 所示。

表 7-1 饺子馆老板娘改善的成本账

成本明细	固定成本（元）	变动成本（元）				合计（元）
	房租	厨具折旧	水电	人工	面、馅、香料	
每份原成本	1.14	0.08	0.81	0.81	13.5	16.34
每月新增成本	0	2100	2500	3000	0	7600
每份新增成本	0	0.40	0.47	0.56	0	1.43
每份新成本	1.14	0.48	1.28	1.37	13.5	17.77

顾问详细记录下后，发现老板和老板娘仍在被旧有的成本思维所限制，导致计算出现明显的错误，于是用有效产出会计做了测算。

第一步，将第一轮改善后的成本账，改成有效产出会计报表。只有产销量、销售价格、变动成本、有效产出、运营费用、净利润，如表 7-2 所示。

表 7-2 饺子馆首次收益倍增改善后报表

项目	产销量（份）	销售价格（元）	变动成本（元）	有效产出（元）	运营费用（元）	净利润（元）
每份	1	18.00	13.50	4.50	2.85[①]	1.65
每月	8856	159408	119556	39852	25200	14652

第二步，将老板的投资费用与新增产能纳入第二轮改善测算，如表 7-3

---

① 首次收益倍增后每份运营费用 =25200÷8856=2.85 元。

第七章 产能不足的工厂如何实现收益倍增

所示。

表 7-3 饺子馆二次收益倍增改善后报表

项目	产销量（份）	销售价格（元）	变动成本（元）	有效产出（元）	运营费用（元）	净利润（元）
原每份	1	18.00	13.50	4.50	2.85	1.65
新增60%部分每份	1①	18.00	13.50	4.50	1.43②	3.07
每月	14170	255060	191295	63765	32800③	30965

顾问将表发给老板后说："你看，原来运营费用每月是 25200 元，新投资后变成了 32800 元，每月增加 7600 元。"

顾问接着说："饺子馆的有效产出也就是销售收入减变动成本的钱，增加到了 63765 元，比之前多出了 23913 元，而运营费用才多出 7600 元，你的净利润实际增加了 16313 元，比之前的利润多出 1 倍多。"

老板仔细看了看表格，猛拍大腿说："真是这样！还细算什么呀？把自己搞晕了。"

饺子馆的故事结束了。你是不是觉得按有效产出会计做决策既简单又高效？而老板娘差点将多挣 1 倍的机会用成本账算没了。

这时有人可能会说，这个例子是老板娘不会算账造成的。那让我再举一个现实中的例子，看看当工厂想提升整体收益时，局部效率指标或成本思维是如何阻挠的。

---

① 每月新增加 60% 产能，月新增产量 =8856×60% ≈ 5314 份。
② 每份饺子新增的运营费用 =（2100+2500+3000）/（8856×60%）=1.43 元。
③ 每月新增运营费用 =2100+2500+3000=7600 元，所以第二轮改善后每月运营费用 = 原运营费用 25200 元 + 新增月运营费用 7600 元 =32800 元。

蓝色火焰的故事

这是一个关于制约理论的真实案例，我称其为"蓝色火焰"。

某汽车部件工厂产能不足，订单积压严重，客户催单。老板认为工厂的瓶颈是焊接工序，但在评估是否要投资焊接设备与技工时遇到了障碍，无法做出决策。

老板接触过制约理论和有效产出会计的理念，但是仍信心不足。他去拜访了工厂运营专家，将情况细说一遍后，在专家旁边才学习2年的学生想一试身手。

学生壮着胆子同这位企业家说："我能帮你的工厂将收益提升20%，并且不用投资设备。"

老板相信制约理论，于是便带着专家的学生进入工厂，找来厂长交待说："这是我请来的顾问老师，请你全力配合。"

厂长见到年轻的顾问，心想"嘴上无毛，办事不牢"，心中对他不屑一顾。但是碍于是老板亲自安排的，他不得不硬着头皮安排人员陪同顾问进行现场观察。

这是一家生产汽车保险杠的工厂，从现场来看，焊接工序的确是瓶颈。但是，顾问仔细观察时发现了一个现象，就是焊接工序中只有焊接本身是增值的环节，并且在焊接时，焊枪会喷出蓝色的火焰。

通过进一步观察，他发现该工厂焊枪的蓝色火焰总是断断续续的。观察了一段时间后，他找来厂长说："我可以帮工厂提升50%的产能。"

厂长很不耐烦地说："怎么可能？工厂的人成天忙得团团转，怎么会

第七章　产能不足的工厂如何实现收益倍增

有这么大的提升空间？"顾问耐着性子说："焊接技工的确很忙，一刻也没有停下。但是，焊接技工在焊接时，事前、事后都有打磨的动作，这个时间占焊接一件产品总周期的30%。焊接技工还要经常停下来，四处找焊件，这个时间又占总周期的30%。"

厂长说："是呀，可是他们并没有一刻空闲呀，这又能说明什么？"

顾问说："如果给焊接师傅增加一个助手，当物料员及打磨助手，焊接师傅就能产出更多了！"

厂长大怒道："我们早就想过了，但是这样成本太高了，不然工厂早就这样干了！我在工厂工作了10年，在这个行业干了快20年，每家工厂都是这样配备师傅的，没有工厂会给焊接师傅安排助手。这样做不仅成本高，也会降低车间的效率，考核指标也无法达成……"

二人争论不下，这时老板过来了。听完后，他同厂长说："你暂时不要考虑工序成本，用这个方案试一个月，一个月后见分晓。"

一个月后，结果显示工厂虽然增加了焊接工序的成本，但是利润却大幅提升，同比上月翻了一番，而且没有高额的固定资产投入。

故事讲完了，我们得到一个结论。就是在产能不足的工厂中，要想实现收益倍增，就需要做出一些决策，而这些决策会受局部效率优先模式与成本思维的限制。无论是高层还是执行层都需要从理念开始转变，因为理念决定政策与指标，指标决定行为与行动，行动的改变才会带来绩效的提升。

产能不足时的运营决策

关于产能不足的两个案例讲完了。我总结了一些在工厂实际运营场景中突破瓶颈的具体做法与建议，供读者在运营决策时参考。

首先，识别瓶颈，应该认同瓶颈的存在。

其次，在挖尽瓶颈上有 3 个方向。一是减少瓶颈工序的停顿，上面焊接师傅的例子很有代表性。二是减少无效加工，就是尽量减少瓶颈工序不良品的产出，尽量使用前后工序分摊瓶颈的作业负荷，减少瓶颈工作量。三是瓶颈工序的产能外协[①]，包括前面工序或本工序的外协。但是要特别注意，产能外协可能带来生产周期的拉长，造成公司核心技术外泄，需要特别注意与处理，如图 7-3 所示。

在我的实际咨询经历中，遇到过多起因为产能外协管理不当造成的短期公司内部混乱、长期行业竞争优势逐渐丧失的案例。但是这并非本书的主题，在这里暂不作详细介绍。

回到聚焦 5 步骤的第三步"迁就瓶颈"上。迁就瓶颈指所有环节均需无条件服从挖尽瓶颈时所做出的一切决定。再次提醒，在此之前务必废除局部效率优先模式与成本思维，否则就会遇到前面 K 公司案例中实施齐套生产改善方案时，包装人员集体反抗的情况。

最后，在瓶颈上投入资源，只要新增的运营费用能带来更高的有效产出的增长，就代表改善有效，不应局限于旧有局部效率优先模式与成本思维。

---

① 产能外协指产品的某几个生产工序或整体生产，外包给其他服务商。

第七章　产能不足的工厂如何实现收益倍增

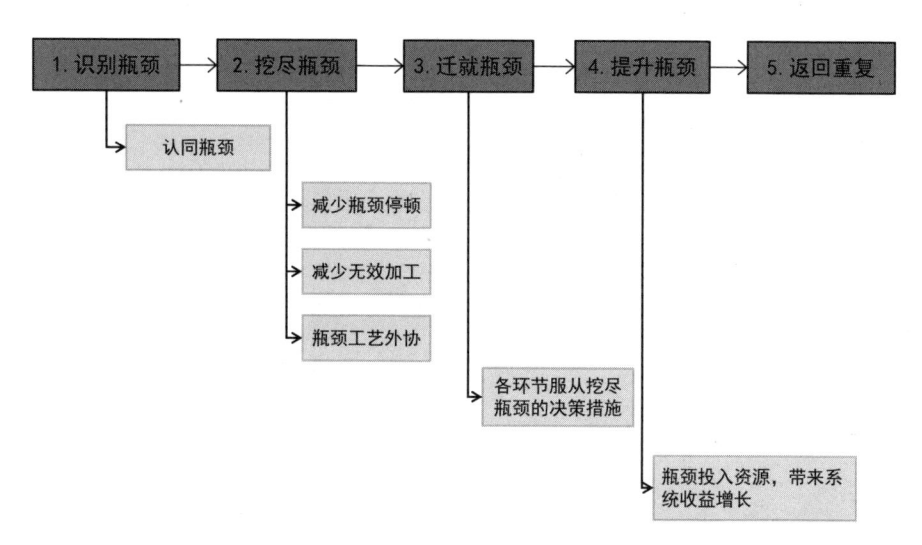

图 7-3　聚焦 5 步骤之瓶颈突破

本章小结

在这里我最想说的是：局部指标决策难以支撑系统的整体增长。

本章我们回答了以下几个决策难题：

- 传统成本思维认同瓶颈的存在吗？

- 工厂真的有充分挖尽、利用、迁就瓶颈的产能吗？

- 局部效率优先及考核模式能够支持工厂充分利用瓶颈或提升瓶颈吗？

截至现在，我们已完成了工厂收益倍增非常重要的任务之一，就是面对产能不足的工厂，如何用运营决策帮工厂实现收益倍增。

需要提醒一点的是，现实中许多工厂并没有发现影响收益提升的原因是产能不足。这些工厂的外在表现大多是订单排队周期过长，造成优质客户与订单的流失。

下一章，我们就讨论这个话题：当工厂库存高、周期长时，如何实现收益倍增？

第八章

工厂库存高、周期长，如何实现收益倍增

上一章中我们提到,当工厂产能不足时,如何实现收益倍增。这一章我们开始讨论,当工厂库存高、周期长时,如何实现收益倍增。

前文中,我们认识到了大脑对简单可控的依赖。我们习惯于对整体系统进行局部分解,采取局部效率指标考核激励。当各局部追求局部效率时,就会发生局部与局部、局部与整体冲突的情况,我称之为"六宗罪"。

在这一章中,我将详细分析工厂库存过高、生产周期过长是如何产生的,又是如何影响工厂市场竞争力与盈利能力的。

只重成本,为何会产生更多的库存

我们先分析局部成本指标如何造成库存过高。

一间工厂由多个部门、多道工序组成,其中包括采购与加工。当工厂采取各局部只控制各自的成本,提高本工序效率,完成局部指标时,就会引发局部做出对公司整体不利的行动。

比如在采购部门,大多数公司对采购都有局部考核指标,如采购成本、采购及时率等。当工厂对采购考核这两项指标时,可能会产生以下两种情形。

第一种情形,公司提出的材料采购需求批量非常少,而这些零件又是未来常用的部件。采购经多方询价,找到了两家质量符合工厂要求的供货商。A供应商报价更高,有一定的现货库存;B供货商没有现货,但是价格更低。

价格是非常敏感的信息,如果采购价格过高,不仅考核指标难以完成,并且还有职场道德风险。采购向需求部门了解到,这批物料是常备需求,于是与上级及相关部门就采购量进行了沟通。但因为固有的成本思维,没有人敢答应向高价格供应商下单。

于是,除非这批物料是紧急需求,否则工厂大概率会向价格更低的B供货商采购,下一个在未来远期需求的订单,批量当然会更大,得到更低的采购单价。同时,工厂也有可能让供货商先紧急发一小批过来,物流费用工厂承担,以应对采购及时率这一指标。

有聪明的供应商会保护自己的利益,提出相应的付款条件,比如先付50%货款,随后货到付款。

这时,工厂总资金占用周期有两部分,一部分是提前支付的50%预付货款所占的周期,另一部分是大批量材料采购后直到全部消耗完所占的周期。假设未来采购批量是现在的3倍,则资金占用周期相当于比高价供货商的4倍还多[资金占用周期 = 采购批量N×3倍×(材料消耗周期100%+ 预付款比例50%)=4.5N]。

如果采购的材料是常用材料或部件,批量无法加大,则现货供应商的

第八章　工厂库存高、周期长，如何实现收益倍增

价格普遍会高一些。在成本指标的引导下，采购仍会选择低价供应商的远期供货，但由于是常用品，供应商会提供现货，因此大概率也会提出先款后货的交易条件，工厂资金库存占用便又增高了。

第二种情形是采购因为顾及本部门的两项局部指标，也考虑到自己的工作量，经常主动与需求单位沟通，要求需求单位提出各类材料的最低采购批量，以确保自己在价格谈判时能获得更有利的地位。

总之，当工厂考核采购成本这一指标时，极易造成资金占用量及占用周期的增加，无论是以预付款的形式还是以库存的形式。除非工厂是行业巨头，没有供应商会反抗。

在局部效率优先或成本至上的工厂中，价格有着绝对的主导地位。在这样的模式下，采购很难做决策增加一点采购价格，换来增加采购频次、降低采购批量。

只重成本，为何生产周期反而变长

对于生产车间的各个工序，在局部效率与成本优先理念的指引下，前面已有大量的推论与案例证明，各工序均会采取合并订单，加大批量，减少设备停机、切换等相关行动，在这里不再详细分析。

同时，在局部效率与成本优先理念的指引下，据我的实践与观察，发现现实工厂中必然存在这两种现状。

第一，绝大多数离散工厂在生产工序中存有大量排队的物料。

第二，绝大多数离散工厂产品的市场答复交期，是产品净加工时间的

10倍以上。

什么是市场答复交期是产品净加工时间的10倍？

这是指客户下一个订单，工厂给客户回复的交货期是20天。而订单的产品在工厂中实际用机器、设备加工的时间不足48小时，也就是只有2天——20天的10%。

订单产品所需的材料进入工厂，90%的时间是在工厂的各个环节中排队等候。等前面的订单完成后，才开始投料加工。等本批量的同一道工序都完成后，再流向下面的工序。

根据我的咨询经历，各行各业中均有大量的原料、半成品、成品库存，各家工厂无一例外。也许因为我是咨询顾问的原因，见到的工厂大多需要改善，所以我才给出了90%这一数字。

工厂如何压缩生产周期

回到我们的主题，生产周期过长、库存过高的工厂如何实现收益倍增？要减少生产周期、压缩库存，我们首先要了解生产周期与在制品库存的关系。

每位读者都有过去医院就医的经历，为何实际看病就几分钟，但每次去医院总体却要花很长时间？有时是1～2个小时，有时是大半天。因为在这个过程中，我们的大部分时间都用于排队等候了。

我们需要经过挂号、问诊、化验、诊断、缴费，最后到取药环节。在各个环节中都有许多人在排队，我们的就医时间长短取决于各环节排队人

第八章　工厂库存高、周期长，如何实现收益倍增

数的多少。

这时，我们可以得到一个结论：就医的总时间等于排队总人数乘以医生看完一个人的时间。这是非常粗略的计算，但原理上是正确的。这一原理同样适用于工厂生产周期，也就是生产周期的长短取决于进入工厂系统物料的多少。

当我们追求局部效率和成本时，各环节会加大批量，减少设备切换，提高自己的效率，这样势必会造成更多的物料排队。基于我的咨询经历，订单的交付周期大多情况下是净加工时间的 10 倍以上。

制约理论如何压缩库存、提升产能

回到应对方案上，工厂的在制品库存过高、生产周期长，制约理论是如何解决的？

现在我们已经有了一些共识。

一是我们知道工厂中注定有一个瓶颈，系统的产出由瓶颈决定。

工厂的生产流程就像一根链条，这根链条中有相对薄弱的环节，这个部分正是它的瓶颈。也就是最为细小的环的强度，决定了这根链条整体的强度。

二是我们知道局部效率与成本指标是造成工厂十大运营难题的根本原因。它会造成工厂走向低效，带来灾难性的后果。

所以在制约理论给出的解决方案中，第一步就应该放弃局部成本指标，以有效产出为主要生产运营指标。同时，工厂要认同瓶颈的存在，并找出

最薄弱的工序。

第二步，各部门要配合瓶颈的需求量及节奏进行生产，在瓶颈上投入资源，发挥其最大效率。

第三步，将瓶颈环节作为节拍，或称其为"鼓手"（drum，D），让瓶颈环节控制整个生产的节奏。

第四步，我们已经知道了瓶颈决定系统的产出，瓶颈损失1小时，代表系统损失1小时。为了不让瓶颈环节因缺料而停机——我称其为不让瓶颈"挨饿"——需要在瓶颈前放置适当的库存作为"缓冲"（buffer，B）。这一缓冲库存只需在一定时间内保护瓶颈工序，不让瓶颈工序因为前面的异常而停机即可。

第五步，我们已保障了瓶颈产能的最大化，也就是系统的产出不会降低。这时，我们可以开始控制系统中的总排队物料，也就是控制原料进入工序的速度。在瓶颈与原料发放之间，可以建立一个虚拟的"绳子"（rope，R）。控制原料进入速度，就等于控制瓶颈生产速度。

这个方法就是制约理论工厂解决方案中的DBR生产模式，如图8-1所示。

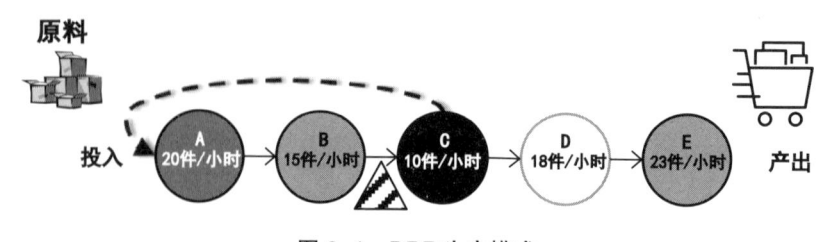

图8-1 DBR生产模式

> 第八章　工厂库存高、周期长，如何实现收益倍增

这个方法简单有效，立竿见影，不仅可以保障瓶颈产出最大化，同时可以控制系统中物料的数量。

当系统的产出速度一致，排队物料数量的减少就意味着生产周期的大幅压缩。

根据历史案例数据，制约理论的生产方式可以快速实现生产周期内半成品库存压缩30%～50%，实现10%以上的业绩提升，订单准交率大于95%。并且，一般2～3个月就开始见效！

生产周期过长的工厂基于废除局部效率及成本优先理念，并实施制约理论中DBR生产模式，便可快速实现在运营费用不变的情况下，快速提升有效产出，并且压缩30%～50%的在制品库存，也就是减少资金占用，工厂就可实现收益大幅提升。

当采取制约理论的DBR生产模式时，在提高产能、压缩库存方面，读者很容易理解这些道理。或许大家对如何保障订单准时交付还有疑问，下面我们就针对这个部分作详细介绍。

制约理论如何确保99%的准时交付率

市场总有一个公允的交期，比如说20天，但要注意这"20天"是在什么情况下产生的：在实际工厂加工过程中，生产坝基由两个部分构成，一部分时间是净加工时间，即在设备中加工组装时所消耗的时间。另一部分时间则是材料等待加工所消耗的时间。

在传统生产管理方式中，我们为了追求各工序的效率，往往采取大批

量生产、大批量流转的方式。在此种模式下，生产的净加工时间极低，往往不足10%，而90%的时间则消耗在等待中。如图8-2所示，图中的三角形便是我们生产过程中的半成品库存，也就是在排队等的物料。而真正用于设备加工的时间，占比相对来讲极低（绝大多数工厂的净加工时间占比均低于总生产周期的10%）。

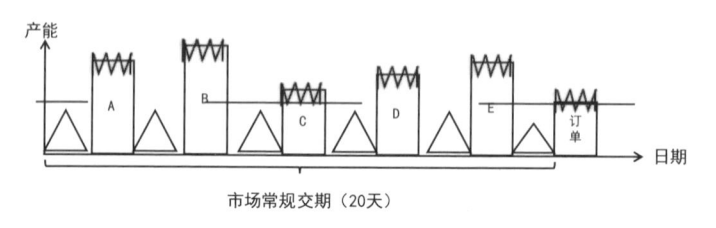

图8-2 常规模式的生产周期构成

还有一个事实是：各工序的产能数值是永恒不变的吗？答案是否定的。产能数值是各车间通过历史数据结合安全余量后提报的结果。

这个数值在实际场景中在不停地波动，这些波动源自生产现场的各类因素，如人机料法环五大因素[1]的异常波动，以及订单组合产能需求变化等。

当我们理解了这些事实后，再看制约理论如何应对这些事实。

首先，制约理论的BDR生产模式解决方案可以将工厂的在制品库存大幅压缩，并且不让瓶颈"挨饿"（缺料停产），所以，瓶颈的产出与系统的产出不会降低。

其次，如何处理已压缩或减少的排队时间？是减少时间，对客户说工厂现在只需10天就可以交货吗？当然不是的。因为理论上讲，工厂10天

---

[1] 影响现场的因素常规分为五项，分别是：人、机器、原材料、作业方法、作业环境。

第八章　工厂库存高、周期长，如何实现收益倍增

就可以完成生产，但是生产过程中的波动（人机料法环的异常以及订单的波动）始终会存在，所以需要将表面上多出的 10 天作为安全缓冲时间，应对上述异常与波动。

这时，理论上不但生产周期大幅压缩，同时，系统的产出始终能得到保护。最后，因为有了安全缓冲期，面对可能存在的波动，工厂仍然保有近 50% 的时间应对。所以，在原有市场 20 天的交货周期中，工厂就可以确保 99% 的准时交货率。

生产批量可以不等于流转批量

在现实的工厂中，还会有一些具体问题。有人说，工厂的订单批量太大，一份订单的总周期注定会很长，无法改变。另一个问题是，明明工厂交期很长，但产能为什么总显得不足？并且非瓶颈环节大多数时间也显得十分忙碌。实际上，瓶颈是会波动或转移的。接下来我们来分析大批量订单与瓶颈波动的问题。

我们看一下图 8-3，我称之为"蛇吞蛋"。

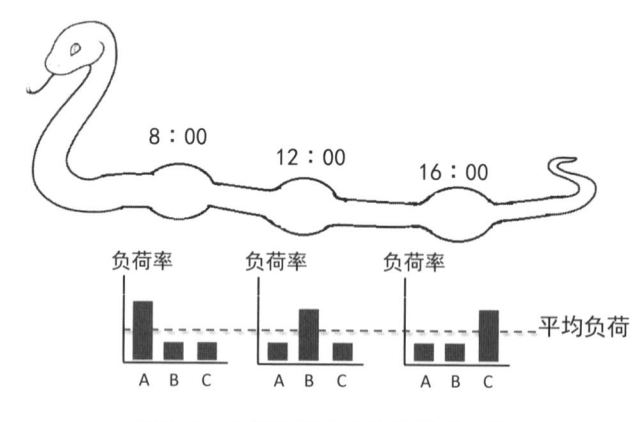

图 8-3 工厂批量生产流转波动示意

比如，这条蛇早上吞下了一只大鸟蛋。8点时它的颈部明显鼓起，中午12点时腹部开始鼓起，下午2点尾部鼓起。

就好像投入一个大批量的订单进入工厂，因为不同产品加工时可能消耗各工序的资源时机不同，大批订单在各工序之间流动，会形成不同时期的超负荷。

这样一来，工厂各工序都充斥着大量的在制品，每个工序都在"忙"。所以老板会觉得每个工序的产能都不足，瓶颈在各工序间转移。

因此，我们需要改变一种理念。

如图8-4所示，假设A、B、C 3个工序的生产速度不同，并且不同的生产设备转换时，需要消耗一定的时间。

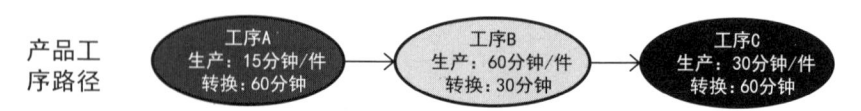

产品工序路径：工序A 生产：15分钟/件 转换：60分钟 → 工序B 生产：60分钟/件 转换：30分钟 → 工序C 生产：30分钟/件 转换：60分钟

图 8-4 某工厂生产工序与切换基本信息

第八章　工厂库存高、周期长，如何实现收益倍增

工序 A 生产速度是每件 15 分钟，转换时间是 60 分钟；工序 B 生产速度是每件 60 分钟，转换时间是 30 分钟；工序 C 生产速度是每件 30 分钟，转换时间是 60 分钟。

我们采用传统的方式一，假设订单批量是 40 件，工厂加工批量也采取 40 件，转换批量也是 40 件。这时，工序 A 完成需要 11 小时，加上工序 B 共需要 51.5 小时，全部完成需要 72.5 小时，如图 8-5 所示。

图 8-5　方式一大批量生产大批量流转

我们采取方式二，加工批量与转换批量减少，加工 20 件，转换 20 件。这时，工序 A 完成需要 6 小时，加上工序 B 需要 26.5 小时，加上工序 C 全部完成需要 37.5 小时，工厂就可以产出 20 件了。订单全部完成只需要 56.5 小时，如图 8-6 所示。

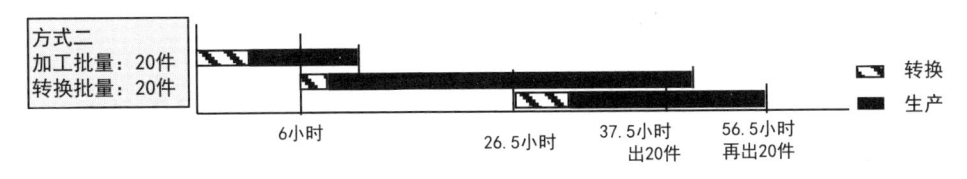

图 8-6　方式二小批量生产小批量流转

还有方式三：加工批量不变，还是 40 件，转换批量减少至 10 件。这时，第 20.5 小时时，工厂可能产出 1/4 的货，全部完成只需 49 小时，如图 8-7 所示。

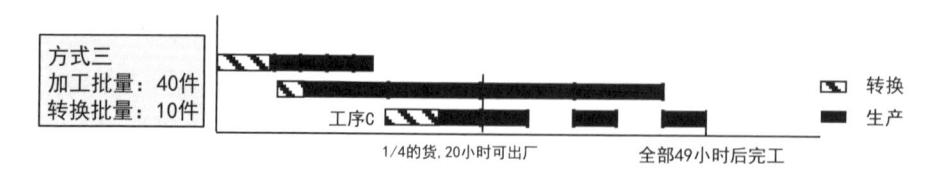

图 8-7　大批量生产小批量流转

在大批量订单的情况下,工厂产能负荷不足时,可以选择减少瓶颈切换的方式二,实现生产周期大幅压缩。

在产能负荷充足时,也可以选择方式三,只需市场常规交期的30%左右,便可提前交一部分货,剩余部分也只需市场交期的70%就能实现全部交付。

采取减少批量生产、流转时,意味着产能更加均衡,各工序负荷波动大幅减少,有利于工厂找到真实的瓶颈。

短交期对运营的三大收益

回到我们的主题:常规工厂运营的决策理念难以支持生产周期更短、订单支付更快的方式三。

在常规成本控制、局部效率优先模式中,生产会做出如下行动:

·生产人员不喜欢做做停停,觉得麻烦还占用时间,降低效率。

·生产人员喜欢每时每刻都有事做,管理政策也不允许停。

·生产人员不喜欢设备切换,批量越大越好,效率更高。

所以,只有当工厂转化成有效产出会计思维运营时,才会得到如下的

第八章　工厂库存高、周期长，如何实现收益倍增

效果：

·在制品库存减少，意味着更早完成产品的加工，也就有机会在产成品的检验过程中提前发现在传统大批量加工中存在的质量问题。

·生产过程工序产能均衡，各工序时段均有事做，不会出现瓶颈波动的现象。

·整体交付周期短，市场响应更快速，而且可分批交货，利于工厂在市场中抢单。

·非瓶颈工序的空闲时间可作为保护产能、消化生产及市场波动的缓冲。保护瓶颈，让工厂的产出收益更加可靠与稳定。

当我们采取上述所有方案，并实现了小批量、快速交付，以及低库存后，工厂会实现什么结果呢？

短交期将给工厂带来的三大收益，如图8-8所示。

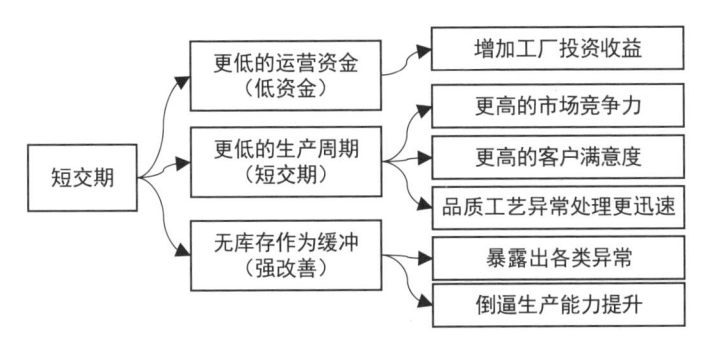

图8-8　短交期对工厂的三大收益

第一，更低的运营资金（低资金）。工厂的运营资金占用更低，可以增加工厂的投资收益。

第二，更低的生产周期（短交期）。这意味着工厂会有更高的市场竞争力和更高的客户满意度。可以不用担心订单不足，反而该担心产能不足。同时，更低的生产周期会带来一个新的效果，就是当工厂的品质工艺出现异常时，处理会更迅速。

第三，无库存作为缓冲（强改善）。最后，因为工厂没有太多在制品库存作为现场的缓冲（其实是遮羞布），生产现场更易暴露出异常，倒逼工厂生产能力不断提升。

如果工厂废除追求局部效率和成本的思维，建立起低库存、短交期的能力，工厂就变成了像丰田一样的"快艇"模式。同样的固定投入、同样的总资产，取得同样的营业收入，但是丰田的利润是大众的2倍，股价是大众的5倍多。

丰田生产方式的创始人大野耐一说："要把成本会计赶出工厂与人们的头脑！"

他还说："我们所做的，就是不断压缩从客户下单的那一刻起，直到我们收到货款所用的时间。丰田是通过减少无附加价值的浪费、缩短时间，来实现收益的。"

而我在不同的场合，但凡有机会，也会向外界呼吁：管理工厂，千万不能因为挣钱的"程度"，而伤害挣钱的"速度"。

本章小结

本章我们讲到，工厂的在制品库存过高、生产周期长，想通过压缩库

第八章　工厂库存高、周期长，如何实现收益倍增

存实现收益倍增，会遇到几个障碍。

首先，压缩库存意味着非瓶颈环节将牺牲其效率指标，各非瓶颈环节会集体抗拒。

其次，当工厂极力压缩在制品库存时，一段时期内各工序总产量会减少，这意味着以传统成本会计的逻辑核算时，会得出成本增加的对立结果。

所以，要想实现生产周期过长、库存过高工厂的收益倍增，就需要克服上述决策障碍。而当工厂实现了上述目标，就意味着工厂已十分接近制造行业梦寐以求的"快艇"模式了。

但是，每个工厂的情况总有不同。比如，当工厂压缩库存带来生产周期的缩短，订单准时交付率也有所提升。但是这些优势仍有可能没有转化成市场竞争力，没有实现销售订单的大量涌入。

这时，前期的所有付出并不能直接带来财务收益。所以，最后无论工厂是实现了高准交率还是更短的市场交期，只要订单不足，就意味着产能依然在浪费，甚至会产生亏损。

那么，当订单不足时，工厂有机会通过决策实现收益倍增吗？答案同样是肯定的。下一章将介绍当订单不足时，工厂如何实现收益倍增。

第九章

订单不足时,如何实现收益倍增

前面我们提到，当工厂库存过高、生产周期过长时，该如何通过决策实现收益倍增。

核心是通过克服局部效率优先模式以及成本思维的限制，大幅压缩在制品库存，从而实现更快的库存周转率。这时，工厂会得到一个非常重要的新竞争优势，那就是大幅提升的订单准时交付率。

此时，工厂会开始关注一个新场景，那就是当工厂订单不足时，如何实现收益倍增？

B企业亏损原因分析

这次我们直接用案例进行讲解。这是我的咨询客户，一家生产铝箔制品的国有企业B，年营业收入约35亿元。在近10年的运营过程中，随着市场竞争不断加剧，企业经营效益每况愈下。尤其是近几年，企业基本盈亏平衡，有时还会亏损。

在向我提出咨询需求时，B企业提出了一个非常重要的诉求，就是解决B企业产销不协同的问题。B企业中各部门之间互相不配合，矛盾、冲突不断。

我们在实际调研时发现，B企业还有一个重要的问题，就是整体盈利过低，企业中各级领导的考核压力巨大。

经过进一步调研发现，由于盈利压力剧增，早在几年前，企业将原本的三大工序部门进行拆分，变成了3个独立经营的事业部主体，并进行独立核算与考核。

A事业部负责将外采回来的铝锭熔化后，加工成相对较厚的铝板卷。其中约80%销售给内部下一环节，也就是B事业部，另有20%直接外销。

B事业部将从A事业部内部采购回来的厚铝板卷，通过机械压铸的方式，变成更薄的铝板卷。其中约30%销售给内部下一环节铝箔事业部，即C事业部，另有70%直接外销。

C事业部生产更薄的铝箔，并切割成客户需要的宽度、长度，销售给外部企业。

调研分析3个事业部的年产能负荷率，得到的结果是：A事业部80%左右、B事业部70%左右、C事业部85%左右，如图9-1所示。

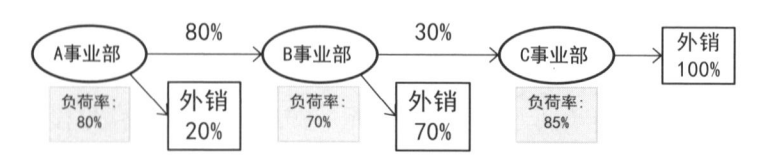

图9-1 B企业产品价值链与产能负荷率现状

和B企业类似的原材料制造型企业一般固定投资较大，固定运营成本

第九章 订单不足时，如何实现收益倍增

也极高，B企业3个事业部的年运营费用合计约为3亿元。

注意，这里指的是有效产出会计概念中的运营费用，就是说无论产出高低，这些成本均需要支出。

我们再看看B企业的另一个背景。如表9-1所示，三大事业部在B企业独立运营和考核的机制下，2020年的经营业绩分别为：A事业部盈利0.19%左右，B事业部盈利0.09%左右，C事业部亏损9.45%。

表9-1 B企业三大事业部2020年经营业绩

项目	A事业部 指标数据	销售额占比（%）	B事业部 指标数据	销售额占比（%）	C事业部 指标数据	销售额占比（%）
产量（吨）	181052	/	137448	/	24187	/
销售额（万元）	238286	/	200889	/	45622	/
运营费用（万元）	11786	4.94	12803	6.37	9888	21.67
变动成本（万元）	226053	94.87	187908	93.54	40047	87.78
净利润（万元）	447	0.19	178	0.09	-4313	-9.45

亏损最为严重的C事业部告诉了我一个竞争对手的信息，这个信息让高管们难以理解。据C事业部了解，竞争对手的装机产能只有B企业的2倍，但利润却可以达到B企业最好时期的10倍。

于是，我开始搜集B企业竞争对手的信息，经过仔细研究后，我提出了几个问题：

· 竞争对手只做某一特殊厚度系列的产品，为何还宣称自己具有行业领导地位？

· 为何竞争对手只专注这一特殊厚度系列的产品？

· 为何B企业的许多订单都来自竞争对手，B企业为其提供半成品原

料及其他系列的产成品？

·B 企业为何会为竞争对手提供代工服务？为何 B 企业不直接接这类产品的订单？

订单不足，企业如何突破

案例背景介绍到这里，我需要向读者介绍一个新的管理工具——有效产出报表。

这个报表的内在逻辑与前面服装厂、饺子馆收益改善的内在逻辑一致。为了方便介绍，我用了一些模拟数据代替 B 企业的信息。

请大家看表 9-2，里面有 A、B、C、D、E、F 6 类产品，它们分别有对应的售价、完全变动成本、有效产出，以及产品 CCR 时间也就是瓶颈消耗时间。当用单件有效产出除以产品 CCR 总时间时，我们将得到一个参数，即单位时间有效产出值，这个值代表不同产品占用瓶颈资源时不同的收益情况。

每个月的市场订单即市场需求，合计 1230 件。B 企业每月 CCR 总时间为 10060 分钟，承接全部市场订单后，总消耗瓶颈资源时间是 8140 分钟，占可用 CCR 负荷的 81%，结果显示订单不足。

我们再看表 9-2 的右下角。当市场上的全部订单都被承接后，每月总有效产出为 104320 元，固定的月运营费用是 10 万元，每月净利润只有 4320 元，每年总投资 210 万元，年投资回报率为 2.5%，明显收益不佳。

第九章 订单不足时，如何实现收益倍增

表 9-2　B 企业有效产出报表（订单不足时）[1]

<table>
<tr><th rowspan="3">序号</th><th colspan="5">产品基本信息</th><th colspan="3">产品组合选项</th><th colspan="3">产品 CCR 时间及占比</th><th colspan="3">最终接单量</th><th colspan="2">产品总有效产出</th></tr>
<tr><th rowspan="2">产品名称</th><th rowspan="2">市场售价（元）</th><th rowspan="2">完全变动成本（元）</th><th rowspan="2">单件有效产出（元）</th><th rowspan="2">产品 CCR 时间（分钟）</th><th rowspan="2">单位时间有效产出（元/分钟）</th><th rowspan="2">市场需求量（件）</th><th rowspan="2">最大组合（件）</th><th rowspan="2">最终接单量（件）</th><th rowspan="2">消耗时间（分钟）</th><th rowspan="2">最大组合</th><th rowspan="2">占比（%）</th><th rowspan="2">消耗时间（分钟）</th><th rowspan="2">最终接单量</th><th rowspan="2">占比（%）</th><th rowspan="2">最大组合（元）</th><th rowspan="2">最终接单量（元）</th></tr>
<tr></tr>
<tr><td>1</td><td>A</td><td>68</td><td>42</td><td>26</td><td>0</td><td>0.0</td><td>250</td><td>250</td><td>250</td><td>0</td><td>0.0</td><td>0</td><td>0.0</td><td>6500</td><td>6500</td></tr>
<tr><td>2</td><td>B</td><td>120</td><td>35</td><td>85</td><td>5</td><td>17.0</td><td>200</td><td>200</td><td>200</td><td>1000</td><td>9.9</td><td>1000</td><td>9.9</td><td>17000</td><td>17000</td></tr>
<tr><td>3</td><td>C</td><td>343</td><td>134</td><td>209</td><td>18</td><td>11.6</td><td>80</td><td>80</td><td>80</td><td>1440</td><td>14.3</td><td>1440</td><td>14.3</td><td>16720</td><td>16720</td></tr>
<tr><td>4</td><td>D</td><td>254</td><td>71</td><td>183</td><td>13</td><td>14.1</td><td>200</td><td>200</td><td>200</td><td>2600</td><td>25.8</td><td>2600</td><td>25.8</td><td>36600</td><td>36600</td></tr>
<tr><td>5</td><td>E</td><td>147</td><td>56</td><td>91</td><td>8</td><td>11.4</td><td>200</td><td>200</td><td>200</td><td>1600</td><td>15.9</td><td>1600</td><td>15.9</td><td>18200</td><td>18200</td></tr>
<tr><td>6</td><td>F</td><td>35</td><td>4</td><td>31</td><td>5</td><td>6.2</td><td>300</td><td>300</td><td>300</td><td>1500</td><td>14.9</td><td>1500</td><td>14.9</td><td>9300</td><td>9300</td></tr>
<tr><td colspan="7">合计</td><td>1230</td><td>1230</td><td>1230</td><td>8140</td><td>80.8</td><td>8140</td><td>80.8</td><td>104320</td><td>104320</td></tr>
</table>

有效产出报表项目	改善前（元）	改善后（元）
月总有效产出	104320	/
月运营费用	100000	/
月净利润	4320	/
净利润差		/
年投资额	2100000	/
年投资回报率（%）	2.5	/

① 表 9-2 中除年投资额和年投资回报率为年度数据，其他均为月度数据，年投资回报率=（4320×12）÷2100000≈2.5%。下文同理。

表 9-2 中模拟数据代表的情况和 B 企业情况类似，同样是因为订单不足、产能负荷利用不充分，导致盈利不佳。

这时，有一个机会出现了。销售接到一个海外新客户的询盘，客户提出想让 A、B、D 产品在现有基础上降价 30%，3 款产品每月需求都是 200 件。

B 企业旧有的报价方式是通过成本加上一定的公允利润得到价格，然后报价给客户。另外，旧有的销售激励考核采用销售利润提成，就是将销售利润的一定比例作为销售的绩效奖金。

海外客户提出在原价基础上降价 30%，最终报价明显低于 B 企业的成本价。这时，销售的提成可能变成负数，所以，销售一口回绝。

由于海外客户需求紧急，而且也了解 B 企业的产能情况，所以，海外客户直接联系销售总监，再次提出了诉求。

销售总监仔细查看了年度业绩进度，开始盘算：如果订单仍然不足，今年的业绩指标又得泡汤了。他开始思考是否承接该订单，如何承接。销售总监同财务讨论，财务说："企业上个月的净利润不到 3%，订单价格再降价 30%，可能会亏损。"所以不同意承接。

问题到了总经理手上，总经理接受过本书中的新理念，但是在经过测算前，不会轻易做出决策。于是总经理请财务按新理念先测算盈利变化，再做决定。

销售听到 B 企业有可能承接这笔"亏损"订单的消息，出于关心自己的业绩和提成，立即找机会问财务和销售总监："我的业绩与提成指标怎么算？"

这个案例的背景可以总结为：当工厂产能利用率不足时，选择大比例

第九章 订单不足时，如何实现收益倍增

让价，工厂的盈利不一定会增长。

请注意，工厂订单不足的情况在现实中经常发生。无论是行业的淡季还是在市场竞争力不足时，均会产生。这种情况下，工厂盈利不足，意味着未充分地利用投资的产能，一部分产能处于浪费状态。

订单不足，亏损接单的决策

现在，我们一起来完成这个决策。海外客户提出了降价后下单的需求，我们先测算全部承接，会是什么效果。

表9-3中新增了3款产品：A外、B外、D外。

我将这3款产品加入报表之中，并且将其价格按客户要求的优惠30%。此时，我们可以得到月总有效产出增加至136600元，相对之前的104320元，我们多出了32280元。

因为是海外订单，每月需要增加报关之类的成本共250元。最后的月净利润为36350元，相比之前没有这笔订单时的净利润4320元，多出了32030元。年投资回报率变成了20.8%，比之前提升7.3倍。

使用有效产出报表，不再顾及传统成本会计的产品成本计算逻辑，我们发现公司的收益竟然大幅提升了。

这时，生产部门提出了一些异议：全部承接海外订单，总产能会超负荷，某些订单会延期，因此不建议全部承接，否则就需要让原来老客户的订单推后交货。

表 9-3 B企业有效产出报表（降价保产能）

序号	产品名称	产品基本信息					产品组合选项			产品CCR时间及占比				产品总有效产出	
		市场售价（元）	完全变动成本（元）	单件有效产出（元）	产品CCR时间（分钟）	单位时间有效产出（元/分钟）	市场需求量（件）	最大组合（件）	最终接单量（件）	最大组合		最终接单量		最大组合（元）	最终接单量（元）
										消耗时间（分钟）	占比（%）	消耗时间（分钟）	占比（%）		
1	A	68.0	42	26.0	0	0.0	250	250	250	0	0.0	0	0.0	6500	6500
2	B	120.0	35	85.0	5	17.0	200	200	200	1000	9.9	1000	9.9	17000	17000
3	C	343.0	134	209.0	18	11.6	80	80	80	1440	14.3	1440	14.3	16720	16720
4	D	254.0	71	183.0	13	14.1	200	200	200	2600	25.8	2600	25.8	36600	36600
5	E	147.0	56	91.0	8	11.4	200	200	200	1600	15.9	1600	15.9	18200	18200
6	F	35.0	4	31.0	5	6.2	300	300	300	1500	14.9	1500	14.9	9300	9300
7	A外	47.6	42	5.6	0	0	200	200	200	0	0.0	0	0.0	1120	1120
8	B外	84.0	35	49.0	5	9.8	200	200	200	1000	9.9	1000	9.9	9800	9800
9	D外	177.8	71	106.8	13	8.2	200	200	200	2600	25.8	2600	25.8	21360	21360
	合计						1830	1830	1830	11740	116.5	11740	116.5	136600	136600

有效产出报表项目	改善前（元）	改善后（元）
月总有效产出	104320	136600
月运营费用	100000	100250
运营费用差		250
月净利润	4320	36350
净利润差		32030
年投资额	2100000	2100000
年投资回报率（%）	2.5	20.8

运营改善方案：
充分利用产能，接受海外市场降价
方案简述：
对A、B、D产品进行不同区域市场让价销售。企业现金流充分，新订单无新增资金占用
每月增加运营费用：250元
增加投资费用：0元

第九章 订单不足时，如何实现收益倍增

总经理召集相关人员进入会议室讨论。

销售代表马上站了出来，他们都不同意自己客户的订单被延期，声称之前公司的交付绩效并不高，好不容易建立的老客户关系会因此而流失；并且利润这么低的销售价格，销售的提成业绩也不确定。所以许多销售坚决不同意！

财务总监其实早对传统的成本核算方式有些反感，只是没有找出像有效产出会计这么简便的方法。他倾向降价多接单，但是要保障产能不至于超过负荷。于是他表态，只要最终对企业整体有利，建议承接这笔低价订单；同时，能否让销售部与生产部配合，看哪些订单本月可以少接，这样就解决了产能的问题。

总经理听取了大家的意见后，提出了决策方向，说道："销售的提成方式可以修改，不用太担心。只是需要请销售与生产的同事配合，在有效产出报表的基础上，保障企业的瓶颈负荷不超过100%，绝对不能再让老客户流失了，我们太需要老客户了。"

销售总监与生产总监看到表9-3中CCR总负荷为116.5%，决定着手减少本月的订单量。无论是老客户的还是这笔海外订单的，总之需要控制负荷。会议就此结束了！

案例介绍至此，至少我们得到了一个好的答案，就是不需要将成本会计作为决策依据，还可能有机会得到更大的收益。

为了不盲目地接单导致产能超过负荷，这次有了有效产出报表。我们不仅可以用它评估产能的负荷，还可以非常直观地测算出收益的变化。

案例中，销售总监联手生产总监，打算向哪些客户下手，推后或减少

他们的部分订单,以实现企业的收益最大化呢?

案例推进到这里,建议读者一起思考,如果你是决策者,应该如何决策呢?

接亏本订单原来这么挣钱

回到案例中,让我们跟着销售总监一起决策。首先,他建议销售人员联系海外客户,将每月200件减少至150件,并再次提醒,需要客户提供对公司更有利的付款条件;同时请F款产品对应的销售联系老客户,询问能否减少月订单至150件。

我们再看还会不会有其他的可能。是的,可能性总是有的。这时,企业得到了好消息。F款产品(就是原来单位时间产值最低的产品)的销售同F产品订单的客户沟通后,客户同意本月订单减量至100件。

这时,B企业就可以接更多海外客户的订单了。如表9-4所示,最后B企业实际净利润是24810元,年投资回报率为14.2%。

案例讲到这里,这时我们已实现这一案例中的订单不足时,利润大幅增长的效果了。但是,有一个新问题:如果客户长期要求低价格怎么办?这个问题我们将在后文解答。

这个案例只是有效产出会计的一种应用场景,我绝不推荐用降价来吸引客户。假设公司实现了如同丰田一样的短交期、高准时交付,市场竞争优势大幅提升,情况又将如何?这个时候,工厂就无须担心订单的不足了,需要做的是放弃局部效率优先模式与成本思维,努力压缩公司的在制品库存,这样更利于公司与行业的长期发展。

第九章 订单不足时，如何实现收益倍增

产品基本信息、产品组合选项、产品CCR时间及占比、产品有效产出

序号	产品名称	市场售价（元）	完全变动成本（元）	单件有效产出（元）	产品CCR时间（分钟）	单位时间有效产出（元/分钟）	市场需求量（件）	最大组合（件）	最终接单量（件）	最大组合消耗时间（分钟）	最大组合占比（%）	最终接单量消耗时间（分钟）	最终接单量占比（%）	最大组合（元）	确定量（元）
1	A	68.0	42	26.0	0	0.0	250	250	250	0	0.0	0	0.0	6500	6500
2	B	120.0	35	85.0	5	17.0	200	200	200	1000	9.9	1000	9.9	17000	17000
3	C	343.0	134	209.0	18	11.6	80	80	80	1440	14.3	1440	14.3	16720	16720
4	D	254.0	71	183.0	13	14.1	200	200	200	2600	25.8	2600	25.8	-36600	36600
5	E	147.0	56	91.0	8	11.4	200	200	200	1600	15.9	1600	15.9	18200	18200
6	F	35.0	4	31.0	5	6.2	300	150	100	750	7.5	500	5.0	4650	3100
7	A外	47.6	42	5.6	0	0	200	150	200	0	0	0	0	840	1120
8	B外	84.0	35	49.0	5	9.8	200	150	200	750	7.5	1000	9.9	7350	9800
9	D外	177.8	71	106.8	13	8.2	200	150	150	1950	19.4	1950	19.4	16020	16020
	合计						1830	1530	1580	10090	100.3	11740	100.2	123880	125060

有效产出报表项目	改善前（元）	改善后（元）
月总有效产出	104320	125060
月运营费用	100000	100250
运营费用差		250
月净利润	4320	24810
净利润差		20490
年投资额	2100000	2100000
年投资回报率（%）	2.5	14.2

运营改善方案：
充分利用产能，接受海外市场让价销售。

方案简述：
对A、B、D产品进行不同区域市场让价降价。
每月增加运营费用：250元
增加投资费用：0元。企业现金流充分，新订单无须新增资金占用

本章小结

基于上述案例，我们可以得到一个结论：产品没有利润，只有工厂整体才有利润！所以我们需要化解产品成本、产品利润的成本思维限制，发现以下真相：

- 表面亏损的订单，并不代表工厂整体会真的亏损。
- 局部成本指标本身就有一定限制，导致工厂无法形成对整体收益提升有效的决策。
- 系统整体收益的高低，取决于系统资源是否被充分利用。

前面章节中我们讲了产能不足、订单不足时，如何通过新理念、新方案实现收益倍增。那么，当工厂的产能利用率较高，各部门也非常尽力，产能负荷与订单十分充足，但是工厂利润始终只有行业的平均水平时，能否通过有效产出会计实现收益倍增呢？

答案仍然是肯定的！下一章我们将详细介绍。

第十章

订单充足时，如何实现收益倍增

前面我们说到一种情形，当工厂订单不足、产能利用率过低时，实现收益倍增的决策逻辑。

这一章，我将介绍当工厂产能利用率较高，各部门全年非常尽力，订单也充足，但是利润只有行业平均水平时，如何通过有效产出会计做出决策，实现收益倍增。也就是订单充足时，工厂如何实现收益倍增？

订单充足时的投资风险

遇到这个问题时，大多数工厂可能首先会考虑产能的投资。

当产能（瓶颈）已充分利用，需要规模性投资时，该如何决策？做出决策时会有哪些考虑因素？有哪些影响？

首先我们考虑投资，投资时会遇到产能与需求配合的问题。

我们知道，工厂的经营发展会使其市场潜力逐渐增大，在工厂各部门的努力下，会实现收益的持续增长。但是，当工厂发展到一定程度时，会遇到产能的瓶颈。此时市场订单较充足，如果在每个产能需求与投资产能的接近点实施投资，可能会带来风险，造成工厂一定周期内的投资回报率变低，加大投资风险。

这时工厂可能会有以下几个选择：

第一个选择，减少某些产品的供应或延长供货时间。这个选择会带来几个问题：老客户流失怎么办？市场口碑与客户满意度下降怎么办？这绝不仅仅是理论上的推演。我遇到过一家工厂因为销售盲目接单超过了产能负荷，而老板没有及时发现，大家都被现场的局部波动因素所干扰。比如，当销售抱怨订单延期时，老板会直接询问生产现场的人员原因。现场人员则会回复一些我们非常熟悉的原因，比如最近材料供应不及时，员工离职率变高，突然有几台设备同时故障了，某款产品突然出现批量瑕疵品，某客户的新产品工艺不稳定，等等。这些是一般工厂认为的造成十大运营难题的原因。而问题的根本原因是什么？工厂的产能真的在被有效管理吗？

第二个选择，根据预测停产某些产品，不再向市场供应。这时，工厂需要两个决策数据，一是停产产品的销售利润；二是停产产品的市场前景。传统成本会计是在产品成本核算结果的基础上做出决策，经常对产品利润做出错误的判断，这时我们就需要更好的决策依据。但在实现这项决策的场景中，有个因素需要留意。如果工厂决定放弃某款产品，或上市某些新产品，则需要考虑工厂是否有足够的市场竞争优势推出新产品。所以，除了市场的前景预测，应该首先关注工厂的运营效率与竞争优势。这个次序至关重要！

第三个选择，当产能不足时，采取成品外包或零部件外包的方式生产。当工厂选择外包时，无论是成品外包还是零部件外包，都要关注一个问

第十章 订单充足时，如何实现收益倍增

题——核心技术保密，尤其是零部件外包。当某个工序产能不足时，就意味着这个环节是工厂的瓶颈。大多数情况下，瓶颈环节是工厂较为核心的工艺或环节。所以，在没有做好应对准备前，轻易做出外包决策可能会产生一些长期风险。

以上，我分析了面对产能不足又不能盲目投资时，工厂对应的3个选择方向的风险。读者可能会关心，有没有更好的决策方向呢？这正是我紧接着要介绍的内容。

B企业订单充足时的损失

我们仍用真实案例来介绍这一过程，这个案例也是上一章中B企业的实例。

我们已经知道了B企业中3个事业部的背景和产能负荷率。现在，我再补充一个新的背景信息：B企业C事业部2020年不同产品销售额占比，如表10-1所示。

表10-1 B企业C事业部2020年不同产品销售额占比

产品	数量（件）	单价（元）	销售总额（元）	占比（%）
0.0045	38	28286	1074868	3.4
0.005	89	15785	1404865	4.5
0.0055	67	9855	660285	2.1
55以上	2059	6782	13964138	44.3
单零箔	250	5703	1425750	4.5
0.0045-1	6	25081	150486	0.5
0.005-1	15	16750	251250	0.8

续表

产品	数量（件）	单价（元）	销售总额（元）	占比（%）
0.0055-1	269	6540	1759260	5.6
55 以上 -1	1667	6016	10028672	31.8
单零箔	161	4813	774893	2.5
合计	4622		31494467	100.0

表 10-1 中有一个非常重要的信息——占比，指年度此类产品销售额占总销售额的比例。后续表 10-1 将助我们帮 B 企业提升收益。

服装工厂再次收益倍增

因为真实项目涉及太多客户的保密信息，所以我先用之前介绍过的服装厂作为案例进行说明。

我们知道，服装厂因为经理接受过有效产出会计的理念，最终废除了销售提出的冒着订单延期和客户抱怨风险才能实现 2.5 万元利润的主张。他采取了有效产出会计的方法，实现了 3.78 万元的盈利。

由于交货及时、品质稳定，市场需求开始增加。服装厂想获得更多收益，希望追加投资，但是同样面临着上文分析过的风险。

服装厂总经理向顾问寻求帮助。根据有效产出会计思维，顾问给总经理一个建议：将服装工厂打造成职业女装龙头企业，顾问借用了当下非常流行的一个词——专精特新工厂。

总经理带着一些不解问道："我想知道公司要不要投资产能，竟然出现了'专精特新'这个词。尽管我知道国家正在大力发展制造业，鼓励工厂发展成专精特新工厂，但这又与我们订单量过高、产能不足有何关系？"

第十章　订单充足时，如何实现收益倍增

我们来看一下产能不足的服装工厂，如何发展成为职业女装龙头企业。

首先，我们再看看这家服装厂每月盈利 3.78 万元时的基本信息。

服装厂有 3 款产品——男装西服、女装西服、女职业装。单位时间有效产出分别为：男装西服 8.87 元 / 分钟、女装西服 12.20 元 / 分钟、女职业装 20.80 元 / 分钟。女装的盈利能力比男装高许多。

顾问查过服装厂的近期数据，发现由于引入新理念和新生产模式，订单交付更及时了，极少延误。加上女装设计新颖、用料考究，所以女装类的市场需求预期十分强劲。

所以，如果只生产女装，服装工厂的利润会大幅度增加。但是对于未来是否有足够的订单量，顾问仍然表示了担忧。

于是顾问说："如果服装工厂想定位成职业女装龙头企业，成为专精特新工厂，就要在女装的某些细节上加大投入，这样才有可能在未来赢得更高的市场好感度，持续吸引更多的女装订单，服装工厂的市场定位也会更精准，更易让客户记住，有利于工厂形象的提升。"

服装工厂的销售提出："工厂产品的品质与价格在市场上有一定的竞争力。我们继续努力，想想办法，有可能拿到更多的女装订单。但是，要是女装的性价比能再提高一些，就更好了。"

生产负责人对顾问提出的方向也比较感兴趣，说道："是呀，这样生产车间主管的抱怨也会更少，因为相对男装来讲，女装生产工艺更简单，产出更快，他们更喜欢生产女装。"

总经理也认可顾问的建议，于是请顾问大胆着手实施这一想法。顾问接着说："按销售的建议，服装工厂是否可以额外在女装的用料、工艺上

多些投入一些,争取到更多的女装订单?"

这时生产负责人突然有一个建议,说道:"只做女装的想法其实早就有了,只是因为之前盈利不足,就一直没提。"

总经理立即让他讲出来。

生产负责人说:"生产环节中的整烫是瓶颈环节。之前的设备是为男装设计的,生产女装时虽然能使用,但是效果始终不够好。如果更新设备,需要投资11万元左右,每年电费比之前多5000元。折算下来,每月增加5000元成本,即每月的运营费用为10.5万元。但是这样一来不仅服装的品质效果会更好,做女装西服时还能节省2分钟时间,产出更快。"

工艺部也提出一个建议:"女装内衬的材料如果能选择更好一点的,品质就能再上一个台阶。"总经理问:"需要多少成本?"工艺部说:"女装西服和女职业装各需要增加1元的材料成本。"

服装工厂采纳了这些建议,最终实现一个新的结果,见表10-2。

表10-2 服装工厂专精特新改造后

产品	销售价格(件)	材料成本(元)	计件人工成本(元)	边际利润(元)	需求预期(件)	建议接单量(件)	预估边际利润(元)	平均花费时间(分钟)	瓶颈产出(元/分钟)	生产资源负荷率(%)
男装西服	180	35	12	133	600	0	0	15	8.87	0
女装西服	160	31	8	121	1000	500	60500	8	15.13	39.87
女职业装	130	21	6	103	1200	1200	123600	5	20.60	59.81
合计							184100	/	/	99.68

女装西服与女职业装的材料成本各增加了1元,女装西服的平均花费

第十章 订单充足时，如何实现收益倍增

时间减少到了 8 分钟。月预估利润合计变为 18.41 万元，扣除 10.50 万元的运营成本，净利润增加到了每月 7.91 万元，比 3.78 万元增加了一倍多。销售如愿拿到了更多的女装订单，该服装工厂也真的慢慢成了职业女装行业的领导者。

这个案例结束了，它给我们几个启发：

· 专注某一产品的制造，肯投入，工厂这类产品的制造能力与竞争力将会增强。

· 工厂各类产品的单位时间有效产出值差异较大，始终有相对盈利更高的产品。

如果能将以上两点有机地结合起来，将为工厂带来突破性增长，并使工厂持续保有竞争力。

B 企业的机会与损失

我们再回到 B 企业的案例，参照服装厂的改善逻辑，整理 B 企业产品盈利数据。

从表 10-3 中可以看出，B 企业产品线共分为两类，一类是宽线，另一类是窄线。用窄线举例，排名第 1 的产品单位时间有效产出值是排名第 10 的 3.42 倍。第 1 名比第 2 名高出 113 元 / 分钟。在 B 企业所在的行业中，价格相差 50 元就是一个台阶。可想而知，如果 B 企业将更多精力聚集在高价值产品上，提供更稳定的品质产品，实施更优的生产工艺，其净利润的增长空间还很大。

为何我会提出这样的建议？我们再添加一组数据，将B企业2020年销售占比数据加入分析。产品单位时间有效产出值较低的排名第8和第10的产品销量合计竟然占比75%，而相对更挣钱的第1和第3的产品销量合计却只占3.9%，第2和第4的产品销量合计只占5.3%。

因此，如果B企业能聚焦在高盈利产品上，加强高盈利产品运营，同时在淡旺季定制不同的价格，配合不同的销售政策，那么，B企业就有机会实现之前可望而不可即的超越——达到竞争对手一样的盈利能力。

表10-3 B企业实际产品排序与销售占比

产品大类	产品小类		轧机CCR				2020各类产品销量占比
	厚度	宽度	产值（元/分钟）				
			宽线	宽线排序	窄线	窄线排序	
软态超薄（≤0.006）(C)	h≤0.0045	900＜X≤1200	/	/	971	1	销量3.9%（3.4%+0.5%）
软态超薄（≤0.005）(C)	h≤0.0045	X≤900	/	/	795	3	
软态超薄（≤0.008）(C)	0.0045＜h≤0.005	900＜X≤1200	/	/	858	2	销量5.3%（4.5%+0.8%）
软态超薄（≤0.007）(C)	0.0045＜h≤0.005	X≤900	/	/	702	4	
软态普通双零箔(P)	0.005＜h≤0.0055	X≤900	489	27	570	5	
软态普通双零箔(P)	0.0055＜h≤0.006	X≤900	286	42	323	9	
软态单零箔(D)	0.01≤h＜0.015	X≤900	267	43	/	/	
软态普通双零箔(P)	0.005＜h≤0.0055	900＜X≤1200	332	39	387	7	
软态单零箔(D)	0.015≤h＜0.05	X≤900	397	35	/	/	
软态普通双零箔(P)	0.006＜h＜0.01	X≤900	245	44	284	10	
软态普通双零箔(P)	0.0055＜h≤0.006	900＜X≤1200	350	37	395	6	
软态厚箔(H)	0.1≤h＜0.2	X≤900	1240	7	/	/	
软态单零箔(D)	0.005＜h＜0.1	X≤900	499	24	/	/	销量75%
软态普通双零箔(P)	0.006＜h＜0.01	900＜X≤1200	321	40	372	8	

第十章 订单充足时，如何实现收益倍增

B 企业案例中的意外收获

这时，我们便解开了一个谜团，就是前文中提到的对于 B 企业竞争对手的几个思考：

· 竞争对手只做某一特殊厚度系列的产品，为何还宣称自己具有行业领导地位？

· 为何竞争对手只专注这个系列的产品？

· 为何 B 企业的许多订单来自竞争对手，B 企业为其提供半成品原料及其他系列的产成品？

· B 企业为何会为竞争对手提供代工服务？为何 B 企业不直接接这类产品的订单？

有心的你可能已经有了答案。但是，我们仍需要再次反思，B 企业为何会错失如此重大的盈利提升机会，自己却无法发现这种可能？

这是因为 B 企业处在局部效率和成本思维的限制中，这种局势驱使销售做出与整体收益相反的接单决策。

而且，成本会计的产品成本定价逻辑原则不仅会浪费企业的产能，更会让企业错失许多高盈利机会。

在局部效率与成本思维的限制下，企业无法实现产品系列的聚集，更无法对生产、工艺、运营能力持续投入，收益会变得更低，甚至亏损。即基于传统会计成本与利润的定价逻辑，无法实现企业对某类产品的灵活定价，会阻碍企业创造更大的盈利空间。

当企业摆脱了上述制约，不但可以不通过让利销售，甚至可以在加价

的情况下，仍然获得更大的市场份额。

这并不是毫无根据的推测。就在B企业所处的现实中，竞争对手所聚焦的产品系列由于交付周期只需10天，并且承诺100%准时交付，而B企业需要35天，准时交付率只有50%。所以，竞争对手在价格比B企业更高的情况下，仍获得了市场上此类产品的绝大多数订单。

竞争对手从B企业采购其所需的半成品，用于聚焦产品的生产销售，而将非聚焦系列的产品直接转包由B企业代工。

同处一个行业，面对同一市场，采取不同的运营理念，带来了截然不同的两种结果！

如何在不损害收益的情况下让价

我们已通过两组案例讲解了产能利用率较高并且订单充足时，如何让工厂实现收益倍增。

但是在这个过程中，工厂会实施不同的定价策略，比如让价。这时，便会产生一个新问题，也是上一章中遗留的疑问：当工厂做出价格让步时，客户要求长期低价供货，工厂应该如何应对？如当上一章案例中海外客户提出长期让价30%的诉求时，B企业应该如何应对？

在这里，我们需要厘清一个问题，价格与价值并不始终对等，即工厂的报价与客户感受到的价值并不相同。

举个生活中的例子，飞机票在不同时间段，购买价格不同。有人买到的是2折机票，有人买到的是全价机票。但是，同一段旅程中每个乘客消

第十章　订单充足时，如何实现收益倍增

费的路程和航空公司付出的成本是一致的。

也就是说，当市场中某部分的价格和数量发生变动，但不影响市场中其他部分的价格和数量时，就形成了市场的有效区隔。

详细来说明，如图 10-1 所示，纵轴为市场占有率，横轴为价值认同度，图 10-1 可以分为 3 个区域。

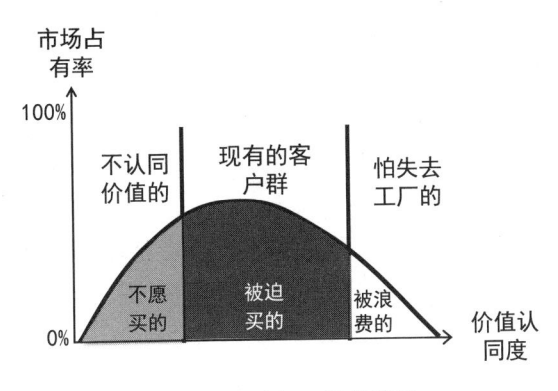

图 10-1　市场区隔分类图

最左边的区域称为"不愿买的"，这部分客户不认同工厂的价值，不愿意付出这个区域的价格向工厂购买产品。工厂需要做出一些改变，才可能吸引这部分客户。

中间区域为"被迫买的"，这部分客户认为工厂的价格与价值对等，只是因为竞争对手没有提供更低价格或更高价值的商品或服务，所以才成为工厂现有的客户。这部分客户群是最不稳定、最易流失的。

右边则是"被浪费的"，这部分客户认同工厂的价值远远高出价格，他们是最怕失去工厂的群体。

客户对工厂价值的认知，来自购买工厂产品或服务带来的价值和收益，即工厂的产品能够满足客户多少需求。

因为市场广阔、客户不同，即使是同一产品，客户对产品需求的时效、速度也不尽相同，所以客户对产品服务的价值认同度注定存在差异。于是，工厂便有了实施市场区隔策略的机会。

我整理了4种市场区隔的策略：

·时间段法：最常见的是面包店的夜间打折。

·空间法：对同一产品，在不同区域，对不同型号进行价格区隔。

·限量法：电商采取这种形式非常多，如限量100件，量大优惠等。

·商业模式法：对同一商品，提供多久的售后服务，提供哪种配套的附属增值服务，会产生不同的价值与客户区隔。

比如，IBM在销售笔记本电脑时，将同一大类的产品根据不同的配置供应给不同的客户，实现了同一产品不同价格的销售区隔。IBM还根据不同产品后端服务需求的不同，实施不同的定价策略。

总之，当工厂有机会提供不同的产品与服务时，便有机会运用对应的策略，有效实施市场区隔。

本章小结

我们完成了利用有效产出会计处理当工厂运营良好、产能利用充分、订单充足时，如何实现收益倍增决策的应用，并讲解了背后的逻辑。

这里，我用一句话做一个小结："当人们问起工厂目标可以达到什么

第十章 订单充足时，如何实现收益倍增

程度时，答案是，永远无法超过制约因素的产出！"

这里的制约因素已经不再是单一的瓶颈资源了，而是公司的运营理念，以及瓶颈资源的利用方式。

到目前为止，我们一起完成了大部分情况下工厂收益倍增方案的探讨，有产能不足、库存过高、订单不足和订单充足这4种情况。

但是，仍有一个非常重要的话题：如果是面向终端销售的工厂，或者是面对众多中间商、零售商的工厂，虽然工厂的整个供应链中充斥着大量库存，仍然还会产生许多缺货、紧急订单的情况，该怎么办？

下一章，我们将一起运用我们的新理念，在供应链高库存的情况下，同样实现收益倍增。

第十一章

供应链高库存，如何实现收益倍增

前文我们分享了工厂在产能不足、库存过高、订单不足及订单充足时，如何通过决策实现收益倍增。

这一章，我们将开始探讨当工厂是面向终端销售，有中间商、零售商时，为什么尽管工厂的各渠道与零售商都存有库存，即在总体库存较高时，仍会产生缺货问题？

当缺货产生时，要么下游下达紧急订单，让生产措手不及，要么零售商只能浪费销售机会，减少收入。与此同时，假如还伴随许多商品的滞销，零售商要么会向工厂退换货，要么选择打折销售。这样不仅会减少供应链整体的收益，还会影响工厂及品牌的声誉。

所以我们接下来将探讨，如何运用新理念，在供应链高库存的情况下实现收益倍增。

成本思维与供应链库存

在具体介绍供应链高库存的危害前，我们不得不探讨工厂的经销商、零售店的库存为何会变高，这与工厂局部效率优先模式和成本思维有何关系。

我们知道，工厂为了追求局部的效率与低成本，会采取大批量方式生产，这样会造成工厂的生产周期变长。

这时，经销商就需要提前很久下单，订单的批量也会变大。同时，为了激励经销商提前下更多的订单，工厂会采取批量越大、折扣越高的销售政策。

而经销商也同样在使用成本思维，希望通过大批量进货拿到非常低的折扣。这样，他们就可以在商品降价的同时拿到可观的收益。比如，当商店商品打8折时，他们还有50%的销售毛利。这样，大家就取得了一个阶段性的"双赢"。

但是，表面上的"双赢"实际有极大的危害。在服装行业，品牌商一年有两次定货会，一次春季，一次秋季。经销商要提前多久就开始定货呢？一般是4~6个月。提前4~6个月的时间就意味着4~6个月的库存量或库存周期，而实际上可能比这还要长。

首先，这些库存会以原料的形式在工厂的原料仓库中存在1~2个月；经过1~2个月的生产加工，变成成品；等进入销售季后，这些成品会分几大批被经销商拉走，放进他们的仓库。

经过2~3个月的销售季，成品库存慢慢被消化。所以整个供应链需要4~7个月的周期，才能完全完成这一轮的周转，效率极低。

不仅如此，大批量进货还有许多其他负面影响。任何工厂都是完整价值链中的一环，在当下经济与物质充沛的时期，消费者的购买习惯和需求

第十一章 供应链高库存，如何实现收益倍增

变得更加个性化，购买时的决策速度与变化都非常快。这对工厂的交付速度提出了新挑战，给整个供应链后端造成了巨大的不确定性。

生产周期与库存水平

我们先看一个简单的计算公式，这个公式适用于任何面向终端销售的企业或供应链，如图11-1所示。

| 日均消耗量 | × | 采购周期
（生产周期） | × | 波动率、变化
（波动幅度与生产周期成正比） | × | 安全系数 | = | 供应链库存水平
（竞争力、收益能力） |

图 11-1 供应链库存水平估算式

我们来看供应链库存水平是如何形成的。终端消费者会有日均消耗量，这并不是指每个人、每个家庭的日平均消费量，而是指产品在每个门店的日均消耗量。

日均消耗量乘采购周期——指下单后多久能到货；再乘需求的波动率；接着根据商店对各类商品的重视与偏好，乘以安全系数。工厂或商店越关注某一产品的缺货风险，它的安全系数就越大。各数据的乘积就是供应链库存水平。

这个公式显示，生产周期及采购周期越长，供应链最终的总库存量会成几何倍数增长。

由于工厂面向经销商也就是中间商供货，当交付周期过长，中间商就需要提前一定周期定货，再加上终端消费者的需求在随时波动，注定导致这样一个结果：极易因终端极小的波动，造成整个供应链后端波动急剧增

大,这就是供应链"牛鞭效应"的由来。

值得注意的是,供货周期越长,供应链后端波动越剧烈。

那么,波动以及大批量、长周期的定货方式,最终会给工厂造成哪些不良后果呢?

大批量、长周期的危害

如图11-2所示,我们从底部开始推演。当工厂、经销商甚至零售商都在采取局部效率优先模式和成本思维运营时,供货的周期过长,就需要对未来需求提前预测,而终端消费者的需求波动难以掌握,就会造成一个结果,即长周期预测的订单量始终不准。为了方便推演,我们举例工厂只有100个SKU(货品),每类各订100件。

即使有神一般的能力,我们也很难预测消费者的需求。就像我家早餐有牛奶、豆浆、米糊3样可选,今天的天气或昨天的晚餐都会影响孩子妈妈对早餐的选择。所以我们家的牛奶有时1个月喝1箱,有时1周就喝1箱。预测需求既浪费精力,又极其不可靠。

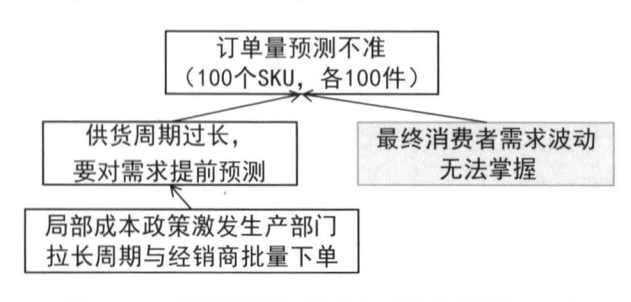

图11-2 长供货周期对供应链系统影响推演(一)

第十一章 供应链高库存，如何实现收益倍增

我们按照"80/20 法则"来推演预测不精确的情况，如图 11-3 所示。也就是我们预测只有 20% 的货品会订多或订少。在现实的世界里以及大量案例研究都显示，实际的比例要比 20% 高许多。

当多订的这 20% 的品种多订了 20% 的数量（这个数值已很保守了），计算结果就是 20 乘 20 等于 400 件，共多定了 400 件。同理，少定的也有 400 件。

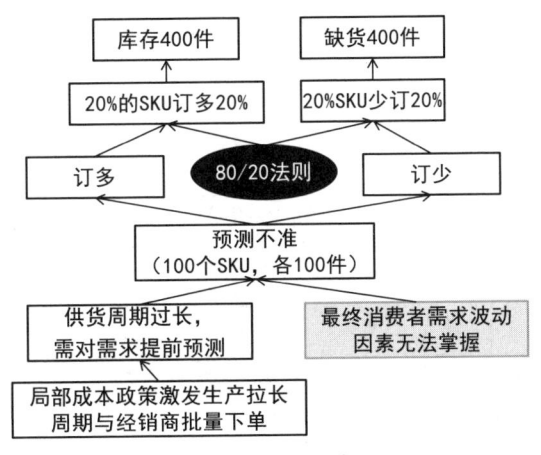

图 11-3　长供货周期对供应链系统影响推演（二）

库存过多会给经销商或零售商带来一系列的负面影响。比如占用资金、增加仓储费用及货架占用量。这时，他们会选择以报废或打折促销的方式减少库存。

库存过多带来的问题非常严重。比如，现实里各城市会有些折扣商店销售一些临期商品、过季商品，许多只有正常售价的 20% ～ 50%，许多大品牌的商品也不例外。

当滞销商品开始出现，高比例的折扣不仅会损害品牌声誉，还会阻碍工厂新产品的上市，伤害现有畅销品的形象，公司的收益也会受到影响。

我们接着看：当这20类商品合计缺货400件时，首先影响的是经销商的销售利润；其次，大的渠道商会内部实施跨区域调配，或者要求工厂大仓跨区调配。这样不仅会增加运输成本，更会对工厂生产计划构成冲击，造成工厂的内部混乱。

同时，当工厂出现20%品类的紧急订单时，会冲击生产计划，造成一系列的混乱、低效、低收益，类似的分析前文已经做过多次，这里就略过了。结论是：在长供货周期模式下，工厂没有得到预想的收益，如图11-4所示。

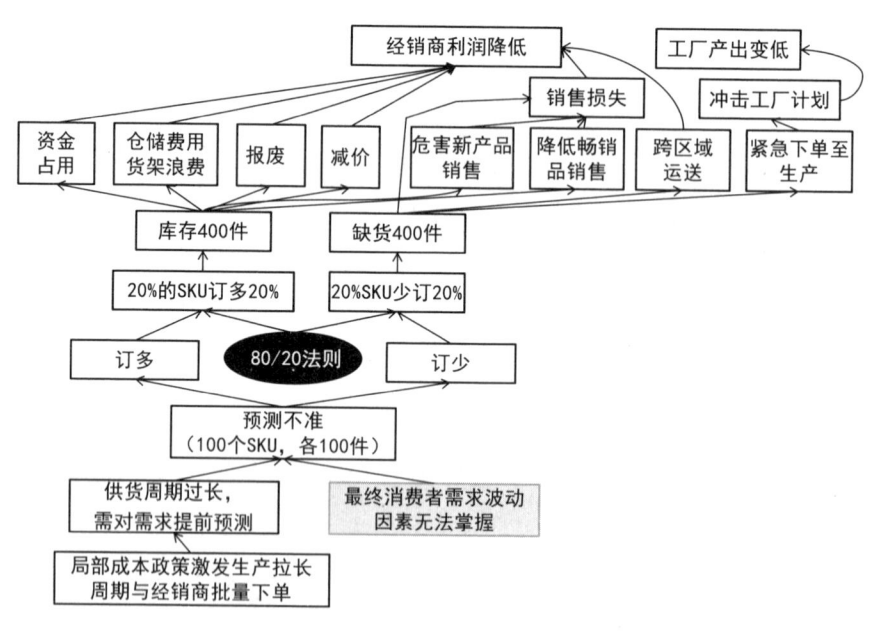

图11-4 长供货周期对供应链系统影响推演（三）

第十一章 供应链高库存，如何实现收益倍增

大批量生产中，局部效率和成本的节省，被大量事后的紧急订单、计划混乱、产能损失消耗，其实得不偿失。

远期预测的大批量下单模式表面上能使工厂和渠道商取得阶段性双赢，而实际上双方都在承受其害。作为投资更大的工厂来讲，危害也要更大，因为渠道商可以轻易与其他厂家合作，而工厂则无法随意改变产品品类，快速切换至其他市场。

3个改变，压缩供应链库存

这时，需要用一个解决方案应对所有问题。

这个解决方案的核心，首先仍然是改变局部效率优先模式和成本思维，放弃局部成本指标，这是所有问题的症结所在。然后采取我们的新理念，以有效产出会计作为主要的生产运营指标。这些前文已多次介绍过，这里从简。

在这个基础上，我们可以做出另外3个改变。

第一，集中库存至工厂的中央仓库、需求端及渠道，只就近保有小量的库存。即将零售店之前大批量的库存存放至经销商的仓库中。同理，将经销商大量的库存存放到工厂的中央仓库中。

第二，将中央仓库的消耗量作为市场需求波动依据，用于生产计划的安排。

第三，通过频密补货的方式，向渠道与终端零售点供货。

为何这样实施，我们来一一具体介绍。

库存是集中还是分散

有一个生活常识：一个城市中有许多家庭，他们应该将水分散存储还是集中存储？哪个方案存储的总水量更低？如果要求各家各户建立一个存水罐，储存日常所需的总水量，那么需要存多少？

要回答这些问题，我们会先问自来水公司要停几天水，或多久供一次水。

假如自来水公司5天供一次水，那么每家会按5天最大的可能用水量来储备。这时，总存水量其实远远大于正常供水时的5天消耗量。

我们用这个生活常识来分析，如果工厂将所有库存均存在终端，如图11-5最右侧所示，就意味着每个终端只需要备足供货周期内最大可能的销售量库存即可。

这时，如果将终端库存集中处置，比如说集中至渠道商处，则可能变成图11-5中间的结果，各零售终端的最大需求波动集中在了一起，用集中库存来应对这些波动，则终端只需更少的库存就可以了。

我们再看图11-5的最左侧，相对于将所有库存放置在终端，将库存集中储存，可压缩一定的库存量。

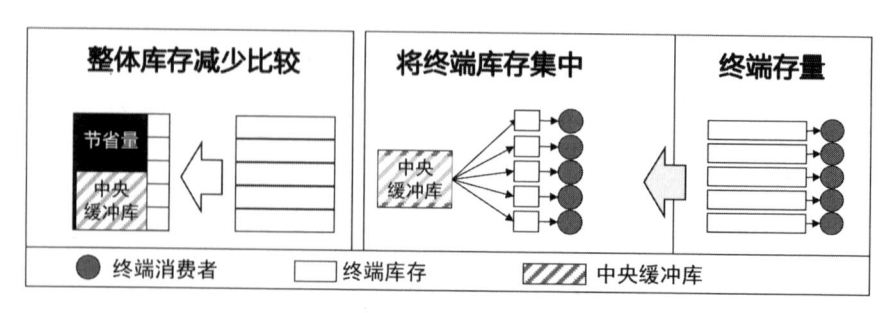

图 11-5　终端集中至中央缓冲库存节省

第十一章 供应链高库存，如何实现收益倍增

通过这样的方式，终端保有库存量将极少，每日的平均消耗量加上运输周期的消耗量即可。我们知道，每个城市或大区域的区域仓库至零售店几乎是每天发车，所以运输时间非常短。

采取这样的方式，就意味着零售商无须占用太多资金即可保障不缺货，也不用担心有滞销的风险，他们的利润与投资收益将发生巨大变化。

定期送货还是频密送货

我们建议将渠道商库存集中至工厂中央仓库，不仅如上文分析可以减少渠道商的总库存占用，同样还能提升他们的利润与投资收益。这时，渠道商只需考虑一个因素，就是保有多少库存。但这仍然取决于工厂的配送周期。

当工厂长周期供货，要求渠道商大批量采购下单时，渠道商各类产品的库存水平则为图11-6最上方所示的效果，各类库存相对较高。而增加工厂配送的频次、降低供货周期时，库存水平会急剧下降。下降的比例约等于改变前后配送周期的时间比例。

中国制造工厂困局与运营突破

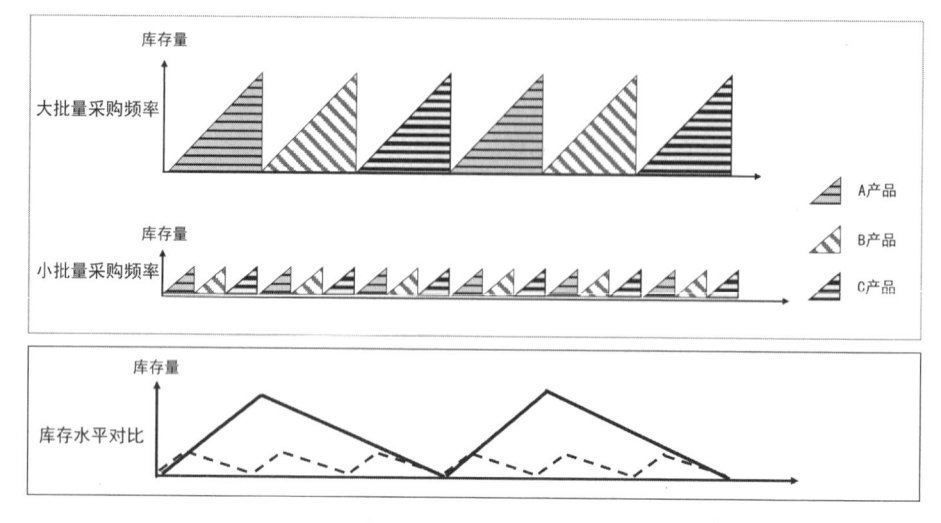

图 11-6 小批量、多频次采购下的库存水平

集中库存的重要收获

当渠道商的库存大部分集中至中央仓库并增加配送频率时，这会增加渠道商的下单或预测频率。我们知道，工厂面向渠道或零售时，渠道与零售商数量不止一个。当采取这样的集中库存管理模式时，就意味着渠道商与零售商定期下单的量，无论是正常下单还是预测下单，均会集中至工厂中央仓库。

当更多区域不同需求的预测集中在一起时，各品类的需求波动会发生一种聚合效应。各品类的总需求波动不仅会减少，预测的准确率也将大大提升。

这时，对于工厂来讲就得到了想要的结果。不仅实现了渠道商、零售

第十一章　供应链高库存，如何实现收益倍增

商的商品滞销与缺货风险的减小，工厂滞销与紧急订单也将大幅度减少，收益便会大幅提升。

我们来总结一下这3个改变给企业带来的好处。

·工厂中央仓库集中库存，可以消除滞销缺货的风险，收益便会大幅提升，还有可能吸引更多的经销商增加订单品类或数量，工厂销售量将进一步增长。

·终端的滞销或缺货消除，工厂销量便将同比例增长，销售收入与利润会大幅增加。

·工厂可以根据更准确的预测结果运作，补货的可靠度与弹性大幅提升，生产计划混乱情况将大幅减少。

·工厂中央仓库集中了全区域的需求，不仅急单减少，各类需求集中在一起，生产成本与效率也不会有明显损失。

·供应链流转加快，商品的滞销消除，工厂推出新产品的效率将变高，市场开拓与品牌影响力将持续增长。

某企业供应链项目案例

如图11-7所示，这是我在实际企业供应链库存控制项目中，为企业规划的改善方案逻辑图。这是一家上市企业，同样面向渠道与零售销售，同时还拥有自己的电商直销团队。

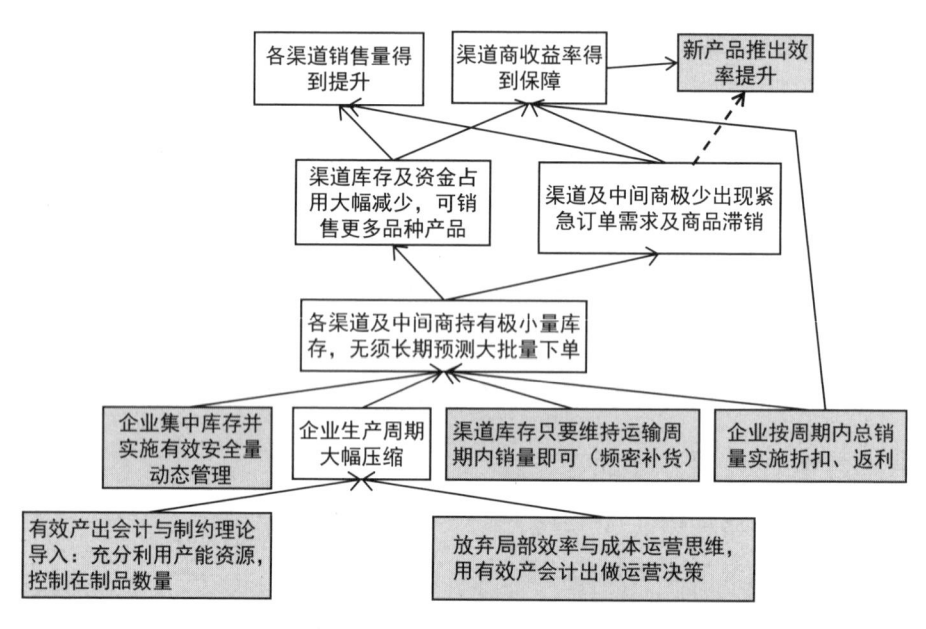

图 11-7 某企业供应链改善方案实施逻辑推演(一)

我首先实施了有效产出会计与制约理论生产方案的导入,实现了充分利用产能资源,控制在制品数量。同时放弃局部效率和成本思维,用有效产出会计做运营决策,带来的效果就是生产周期大幅压缩。

之后,我们实施了制约理论供应链管理的对应举措,让企业集中库存并对各品类的库存保有量实施有效安全量的动态管理;同时渠道库存只要维持运输周期内的销量即可,企业实施频密补货;另外企业制定了新的按累计总销量折扣、返利的政策。

这样带来的结果就是,各渠道及中间商持有极小量的库存,无须长期预测大批量下单。渠道库存及资金占用大幅减少,可销售更多的产品品种,渠道和中间商极少出现紧急订单需求和商品滞销的情况。

第十一章 供应链高库存，如何实现收益倍增

于是，各渠道销售量得到提升，渠道商收益得到了保障和增长。带来的新结果就是，渠道商收益持续得到提升，与企业的合作变得更加稳固。这时，就有可能带来渠道商的经营规模扩大，或更多的渠道商加入。

当渠道中的商品滞销消除，收益增大，企业新产品推出的效率便会大幅提升。

另外，选择集中库存并实施企业库存的有效安全量动态管理，将市场平均销量的波动集中到企业时，波动相对会变得最小，即企业订单需求的波动、变数会大幅降低。与此同时，由于渠道及中间商极少出现紧急订单需求，于是企业的生产计划也会变稳定，可以均衡生产，企业的供应能力也会持续提升。加上各渠道销售量得到提升，这时企业产销量也会得到增长。

当企业产销量得到增长，经销商收益持续提升，以及双方合作更稳固时，经销商规模扩大、新产品推出效率提升，企业将带领整个供应链——也可以说是价值链——让大家的竞争力与盈利能力都能持续提升，如图11-8所示。

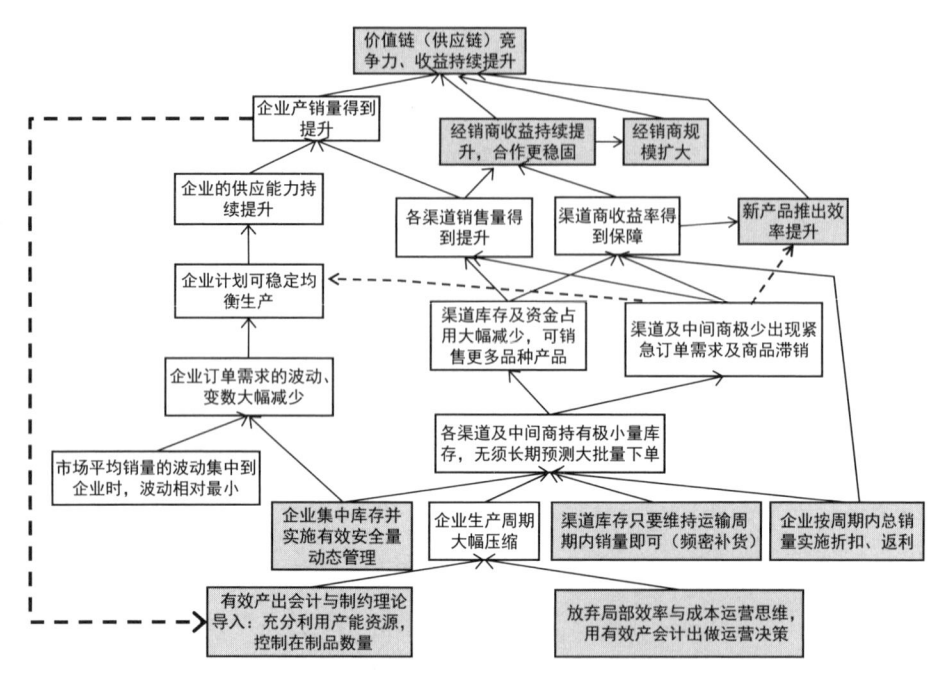

图 11-8　某企业供应链改善方案实施逻辑推演(二)

这时我们能否理解第一章的丰田为何能实现比大众高 1 倍的盈利、5 倍多的股价，以及 ZARA 如此慷慨的逻辑？

本章小结

我想用高德拉特博士的话为本章做个小结：只要门店没有卖出去，就没有任何产品真正卖出！①

---

① 对于整个供应链来讲，当产品并未在门店被消费者消费、购买时，无论工厂、渠道商还是门店，均未完成真正的卖出，商品仍算供应链中的库存。

第十一章 供应链高库存，如何实现收益倍增

这一章我们讲解了供应链如何实现收益倍增。据研究与实践，供应链中如有 30% 品类缺货，就意味着会损失 60% 的销售机会。经某大品牌公司的实例以及案例经验证实，实施前文一系列举措时，可以帮工厂净利润提升至少 30%，库存周转率则增加至少 3 倍，这不是个小数字。

当方案会带来如此高的收益时，真的就很容易被实施与运用了吗？我们来思考以下几个问题：

· 当工厂选择持有中央库存的高库存与仓储成本时，成本思维许可吗？

· 当工厂选择频密补货、增加运输成本时，成本思维认可吗？

· 当工厂不再提供大批量下的折扣政策时，经销商的成本思维会配合吗？

当然，有心的朋友肯定都能得到答案。如果你还有疑问也没关系，后文会针对性地分析解决。

最后，工厂作为供应链或价值链的一环，当它能站在更高位置时，就有机会思考如何定义整个价值链的环节与边界，如何理解系统整体收益了。

所以，许多商业大佬讲，当下不再是企业与企业之间的竞争，而是一条供应链与另一条供应链之间的竞争。落到实处，其实是"快艇"式企业与"邮轮"式企业之间的竞争，是有效产出会计思维与局部效率优先模式和成本思维之间的竞争。

现在，我们已完成了 5 类工厂的收益倍增分析，这一切的实现都围绕一个角色，即工厂运营决策者。作为运营决策者，在实现上述新目标的过程中，还会遇到一些关于选择节省成本还是压缩库存的决策场景。比如：

·当决策者在考虑运输成本与周期时,是选择价格更高的空运,还是选择价格比较低的陆运?

·当工厂的订单批量较大时,是选择低成本大批量生产,还是快速交付的小批量生产?

·当工厂有许多同类设备时,到底是对订单进同步多台设备生产,还是集中至单台设备慢慢生产?

·采购时,应该选择低价格大批量采购,还是低库存小批量采购?

·还有一种非常特殊的情况,就是现金流即将中断时,工厂是选择关注成本和效率,还是保住现金?

下一章,我们将为你解决上述难题。那些标杆企业让常人不太理解的做法背后,隐藏的就是这些决策逻辑。

第十二章

有效产出会计与控制资金

前面我们说到建立新的理念后,便有机会让5类工厂实现收益倍增。但是在实现新目标时,还会遇到一项长期而艰巨的任务,就是各类工厂最为关心的如何压缩库存、减少流动资金。要实现这个目标,常常需要做出与我们直觉相反的决策,下面我将具体分析,如何通过有效产出会计,控制工厂的库存与资金量。

用有效产出会计做出运营决策只需3项指标,3个决策公式,非常简单有效。前面两个公式用于引导工厂做出提升产能、提升订单产品组合收益的决策,第三个则引导工厂实现低库存及资金占用。

有一种非常特殊的情况,就是现金流即将中断时工厂是选择关注成本与效率,还是保住现金?如何才能做出正确的决策?

下面,我用一些案例进行说明。

养马还是养羊

假设有一个不用付费的养殖场,有马和羊在市场中供不应求,我们需要决策养殖什么收益更高?

我先给出一些基本信息：马驹每匹需要 5 万元，养殖期需要 24 个月，市场的售价是 25 万元，每个月的养殖成本是 0.3 万元；羊羔每只需要 1 万元，养殖期需要 12 个月，市场的售价是 4 万元，每个月的养殖成本是 0.1 万元。

我已经列出了这个决策需要的数据，如表 12-1 所示，包含销售额、幼崽材料费、马与羊的单匹/只有效产出、生产养殖周期、每月运营费也就是养殖成本、总运营费、单只净利润、总投资额、利润率、单匹/只投资回报率或养殖收益率。

表 12-1 马和羊有效产出分析（一）

项目	马	羊
销售额（万元）	25.0	4.0
幼崽材料费（万元）	5.0	1.0
单匹/只有效产出（万元）	20.0	3.0
养殖周期（月）	24.0	12.0
月运营费用（万元）	0.3	0.1
总运营费用（万元）	7.2	1.2
单匹/只净利润（万元）	12.8	1.8
总投资额（万元）	12.2	2.2
单匹/只利润率（%）	51.2	45.0
单匹/只投资回报率（%）	104.9	81.8

经过计算，马的售价是 25 万元，减去 24 个月每月 0.3 万元的养殖成本和幼崽材料费 5 万元，最后每匹马的净利润是 12.8 万元。

羊的售价是 4 万元，减去 12 个月每月 0.1 万元的养殖成本和幼崽费 1 万元，最后每只羊的净利润是 1.8 万元。

第十二章　有效产出会计与控制资金

我们可以看表 12-1 最后两项利润率与投资回报率，这两项指标的计算结果都指向了养马更挣钱。马的利润率是 51.2%、投资回报率是 104.9%；而羊的利润率却只有 45.0%、投资回报率只有 81.8%。

通过这一计算，可能大多数人会选择养马。但是，你有没有觉得哪里不太对？

在揭露答案前，我们再一起回顾下这个例子与工厂运营之间的关系。

工厂建厂的总投资中，一部分资金变成了固定成本，另一部分是流动资金。在实际运营时，工厂投入了原材料成本，即变动成本，在生产过程中会消耗掉运营费用，将其变成增值的有效产出，再交给客户换回现金，实现工厂的盈利与运转。

这里有一个至关重要的信息，有效产出是工厂售价减去变动成本，其中还包含了钱增值的速度，即消耗了多长时间才完成这一转换。同理，对流动资金，除了需要关注资金量的高低，还需注意资金占用时间的长短。所以，当我们重视了速度或时间条件后，就可以修正表 12-1 的缺陷，得到表 12-2。

我们发现，在马与羊的利润率与投资回报率中，存在着养殖周期的问题。于是，我们加入它们的投资周期即养殖周期进行测算。这时马与羊的资金强度收益率分别为 52.5% 与 81.8%。羊实现了逆转，指标竟然比马高出近 30%。所以，如果只计算净利润、利润率指标，或只通过直觉来决策，极有可能损失掉这 30% 的收益。

表12-2 马和羊有效产出分析(二)

项目	马	羊
销售额(万元)	25.0	4.0
幼崽材料费(万元)	5.0	1.0
单匹/只有效产出(万元)	20.0	3.0
养殖周期(月)	24.0	12.0
月运营费用(万元)	0.3	0.1
总运营费用(万元)	7.2	1.2
单匹/只净利润(万元)	12.8	1.8
总投资额(万元)	12.2	2.2
单匹/只利润率(%)	51.2	45.0
单匹/只投资回报率(%)	104.9	81.8
投资周期(年)	2	1
资金强度收益率(%)	52.5	81.8

说明：瓶颈为养殖场的面积

我们再看看资金强度收益率的计算公式。

用有效产出减运营费用，可以得到净利润，再除以总投资额与投资周期的乘积，便得到投资回报率。为了便于向读者介绍，我将总投资额与投资周期的乘积，取了个新名称叫"资金强度"。所以用净利润除以资金强度，就可以得到资金强度收益率：

$$\text{资金强度收益率} = \frac{\text{净利润}}{\text{总投资额} \times \text{投资周期}}$$

测算资金强度收益率，可以实现工厂运营方式、改善方案的快速决策，并且可帮助工厂实现更低的库存和更低的资金占用，提升收益。

第十二章　有效产出会计与控制资金

接单是否只用考虑利润高低

我们再看一个例子。现在有两个客户的订单，A 客户的订单，工厂需投入 100 万元，净利润是 2 万元；B 客户的订单，工厂同样投入 100 万元，但是净利润是 10 万元。这时，工厂是接 A 客户净利润 2 万元的订单，还是 B 客户净利润 10 万元的订单？

在现实中，绝大多数工厂都在做 B 客户的订单，因为利润更高。但这样真的对吗？

我们再提供一个重要的信息，那就是资金强度。

A 客户的订单从生产到收款，总周期只要 1 天，而 B 客户需要 10 天。我们来计算资金强度，为了方便介绍，统一使用每百万元资金日收益额。

A 客户的每百万元资金日收益额是 2 万元，而 B 客户却只有 1 万元。计算结果与绝大数工厂的选择相反，它们承接了利润更低的订单。

当我们得出这一结果后，你可能会开始认同这一理念，并认为，这不就是常识吗？

我再从"精益生产"这个词的来源，证明一下常识的力量。

"精益生产"是一个外来词。在石油危机和经济萧条期间，全球汽车行业哀鸿遍野，唯独丰田汽车取得了令人惊奇的业绩。

美国政府组织了几位大学教授，花费 3 年时间、500 万美元，进入丰田全球各地工厂内部研究，最终的研究成果在 1990 年通过《改变世界的机器》一书向外界公布。书中将丰田生产方式称为 Lean Production System，中文翻译时，便将这个词组翻译成了"精益生产"。其中 lean 这个词的原意是指瘦且健康，脂肪少，这里指丰田用了最小的库存与资金实现了它的生产与经营，暗指精益生产的内核是更低的库存与资金占用。

那么丰田是如何实现这一"瘦且健康，脂肪少"的低库存目标呢？除了大家常见的工具层面[①]外，其实更为重要的是底层决策与逻辑，它们被丰田及市面上杂乱的精益工具书籍掩盖了。

丰田坚持采用资金收益率作为运营与决策的依据。

在石油危机后期，所有人都对丰田为何能如此成功表示了强烈的好奇，其中也包括日本本土专家。

其中日本名城流程管理研究所的河田信先生和时任丰田汽车副社长的内山田竹志先生，以及许多日本机构共同研究了丰田成功的原因，将研究成果发表在了河田信先生的著作《回归原点：丰田方式的管理会计》中。书中有一组信息可以帮我们一探究竟。

书中有一项指标潜在利润（profit potential，PP），是用营业利润除以期中平均盘货资产得出的。书中同时对比了丰田、马自达、大发、日产、本田、铃木、三菱等日本各家汽车企业几年内的PP值，具体信息如表12-3所示。

表12-3 日本石油危机后期不同汽车企业潜在利润

名次	企业名称	2007年3月	2003年3月	2006年3月	2005年3月	2004年3月
①	丰田	3.3	3.9	4.0	3.3	4.1
②	马自达	1.4	1.0	0.4	0.4	0.6
③	大发	1.3	1.5	0.5	1.5	1.0
④	日产	1.2	1.9	2.1	2.5	3.1

---

① 指5S（整理、整顿、清扫、清洁、素养）、快速换模、看板、按灯、持续改善等标准的工厂现场管理和改善工具。

第十二章 有效产出会计与控制资金

续表

名次	企业名称	2007年3月	2003年3月	2006年3月	2005年3月	2004年3月
⑤	本田	1.2	1.5	1.1	1.5	1.1
⑥	铃木	0.5	0.6	0.8	0.7	0.7
⑦	三菱	-0.1	-0.1	-0.4	0.2	0.4

从表12-3中可以看出,丰田之所以有更强的生存能力与盈利能力,是因为其潜在利润是其他企业的数倍。

丰田高层向所有运营干部及人员不断宣称,库存不仅是利息成本,更是潜在的利润,要不惜一切代价消灭库存。

具体来说,当需要节省100万元资金的年占用时,丰田绝不会只计算这笔资金的财务成本,更会将这100万元资金的年占用值,换算成100万元资金的年投资收益额(潜在利润)。将不同改善方案的潜在利润做对比分析,再做出最终的决策。

通过对丰田决策逻辑的推理与验证可以得出:工厂只有在每个可能产生库存资源占用的场景,都评估其投资的资金强度收益率变化值,才会做出有效的压缩库存和资金强度的决策。而不是仅仅依据成本这个单一指标,只关注局部,不考虑资金占用下的净利润、利润率。丰田的实践与研究证明,如果工厂采取同样的决策逻辑,也会带来更低的资金占用、更高的周转、更高的盈利结果。

这时,我们再一起回顾一下丰田生产方式创始人大野耐一先生的两句话:"要把成本会计赶出工厂与人们的头脑。""如果我们同样只考虑节约成本,那么丰田与其他汽车公司就没有区别了!"便能读出这两句话背后的深层逻辑与重要价值了。

这一有效产出会计的运营决策公式就是让工厂在做运营决策时，将资金强度收益率作为决策依据，指导工厂建立像丰田那样的"快艇"式模式，取得像丰田一样的业绩。

反之，如果在运营决策时未遵循资金强度收益率，只注重成本和局部效率指标，那么，工厂是始终都无法实现"精益"这一结果的。因为精益向右，而工厂的决策则指向左。

这也是许多工厂高管只在现场实施精益生产，不做思维理念决策改变产生的后果——最终精益生产始终效果不佳，无法坚持。

下面，我将用一些具体的决策场景，向各位介绍这一决策逻辑是如何帮工厂压缩库存、节省资金量的。

每周进货还是每月进货

我们先来看看这个实际案例的背景。

有一家日本汽车配件工厂在给整机厂做配套。工厂每月需要从供应商进货10吨材料，总价值为100万元，有效产出为80万元。采购进货有两个选择：

第一个，每月进货一次，用大车一次性运输，运费需要1.5万元。

第二个，每周进货一次，每月分4次运输，每次运费为0.9万元，4次合计3.6万元。

工厂应该选择每月进货，还是每周进货？

工厂提倡压缩库存，生产部建议物流部选择每周进货一次。物流部经

第十二章　有效产出会计与控制资金

理大声说:"每周一次比每月一次的成本要高一倍多,你疯了吗?我们多花一倍的物流成本,原材料放在工厂及车间仓库里。每月只大量运一次,原材料也同样放在工厂仓库里,对你来说有何区别?反正工厂的仓库空间足够,不会增加任何生产成本,为何还要每周进货?我绝不会同意的。简直是劳民伤财,毫无意义!"生产部的人没有足够的依据说服他,只好作罢。

在这个例子中,两方都忽略了一个非常重要的信息,就是资金强度。

我们先帮工厂做计算,再做决策。根据决策公式,一般建议先算资金强度。采用每周运输时,由于每月分为4次运输,每次占用25万元的库存,由于工厂在连续使用库存,我们用期初加期末再除以2得到平均日均库存量。结果是12.5万元库存占用7天,供一周使用。

当采取每月运输时,由于是一次性运输,即每次为100万元库存。同理,由于工厂在连续使用库存,依然将期初库存金额加上期末库存的金额再除以2,得到平均日库存金额,结果是50万元库存占用30天。

我们再计算净利润。通过有效产出减运营费用,分别得到每周运营时的月净利润为76.4万元,每月运输时的月净利润为78.5万元。

计算以每百万元资金日收益额为基准。选择每月运输时,每百万元资金日收益率是5.2%,而每周运输时则是20.4%,远远高于运费更便宜的每月运输。

$$\frac{80万元 - 3.6万元（运费）}{12.5万元 \times 30（天）} = \frac{76.4万元}{375万元} = 20.4\%$$

每周运输

$$\frac{80万元 - 1.5万元（运费）}{50万元 \times 30（天）} = \frac{78.5万元}{1500万元} = 5.2\%$$

每月运输

就好像前文案例中，表面上看起来养马更挣钱，但是考虑了资金强度收益率指标后，就会发现养羊的资金强度收益率比养马高出30%。所以，最终我们应该选择资金强度收益率更高的选项。

这个计算结果可能有一点反直觉。下面同样有个关于运输的例子，可能会与我们的直觉相对吻合一些。

ZARA 为何不考虑运输成本

举个选择更高运输费用的案例。客户需求的货物总成本是100万元，利润20万元，生产周期是10天。客户正缺货，需求十分紧急，答应货到后立即付款。

工厂同样有两个选择，使用空运2天就可以到，运费1万元；选择陆运需要6天才可以到货，运费只要0.2万元。两者时间只相差4天，但运费却差4倍。

这个案例更符合我们的直觉，但是如果没有通过量化计算，或者当工厂由于组织分工，各部门处在局部指标制约中时，可能会做出错误的决策。所以，当工厂拥有资金强度收益率决策公式时才会更稳妥。

第十二章 有效产出会计与控制资金

我们来看看这个案例的计算结果。

同样先计算资金强度收益率。事先提醒，上个案例中生产可以1天完成，当天发货，所以生产周期忽略未计算，而这个例子中生产周期是10天。

选空运只需2天，那么占用的资金总周期是12天。而陆运时，占用资金是16天。

我们再看不同决策净利润的变化。空运时，净利润是20万元利润减去1万元空运费，为19万元；陆运时，同样是20万元利润减去0.2万元陆运费，得到19.8万元的净利润。

计算得到每百万元资金日收益率，空运是1.6%，而陆运是1.2%，高价的空运资金强度收益率，反而高于运费更便宜的陆运。

$$\frac{20万元（利润）-1万元（运费）}{100万元（资金）\times 12（天）} = \frac{19万元}{1200万元} = 1.6\%$$

空 运

$$\frac{20万元（利润）-0.2万元（运费）}{100万元（资金）\times 16（天）} = \frac{19.8万元}{1600万元} = 1.2\%$$

陆 运

我们再想想几个日常的场景：为何高净值人群大都会选择快捷的飞机出行，而普通工薪族则会选择价格相对便宜的铁路？

另一个场景是，当公司在运送发票时，为何会选择价格较高的顺丰快递，而运送货物时会选择更便宜但相对慢一点的物流？

为何京东斥巨资自建物流体系，拼多多则巨资扶持极兔快递？当我们只用物流环节的投资回报率这单一的局部指标评估大型电商公司的选择时，将无法理解其背后的战略意图。

这些案例再一次印证了在局部成本指标的限制下，无法形成对整体有利的决策！

月结还是现结

我们再看一个实际场景，工厂该选择现结还是月结？

工厂有一位老客户，每月都会有100万元采购，工厂会因此产生利润15万元。销售反馈：该客户之前一直现结，现在提出要么30天月结，要么给点优惠折扣才愿意维持现结，比如每月优惠1万元，不然他就有可能更换厂家。该客户采购的产品生产加运输时间共为10天。

工厂面对两个选择，是让利1万元维持现结，还是选择月结？

1万元可不是小数字，15万元的净利润，让价1万元相当于总价的1%，利润的7%。

为了节省读者的时间，该案例的百万资金日收益额计的资金强度收益率结果如下：

$$\frac{15万元（利润）-1万元（让利）}{100万元（资金）\times 10（天）}=\frac{14万元}{1000万元}=1.4\% \Uparrow$$

让利，现结

$$\frac{15万元（利润）}{100万元（资金）\times 40（天）}=\frac{15万元}{4000万元}=0.4\%$$

不让，月结

当工厂选择不让利，最后的资金强度收益率每100万元是0.4%，而选择让利维持现结时，这个值则是1.4%。

此时，让利的这一数值要比不让利时的结果高出数倍。

第十二章　有效产出会计与控制资金

但当某一新行动的资金强度收益率值低于当下的流动资产收益率，但高于银行资金成本时，则需要留意。

这时，工厂将面临一个更大的决策：是选择快速做大占领市场，追求规模；还是坚持先做精做强，追求质量，再考虑规模。

进一步推演可得，当资金强度收益率低于银行利率时，则代表工厂正处于亏损状态。

如果银行贷款的年利息成本是10%，对应的资金强度收益率大约是100万元每天收益0.028万元。当工厂的资金强度收益率低于银行的利息成本时，表示工厂正在亏损。

下一个场景与工厂的生产模式相关。用资金强度收益率做决策，将会引导工厂建立丰田的"快艇"式生产模式。

大批量生产还是小批量生产

丰田为何不考虑成本，选择小批量甚至单件流生产呢？

同样代入实例中，客户每批需求1000件产品，需3个工序完成。每件产品工时成本1元，每次换线工时成本400元，有效产出为每件5元，每件产品的生产资金占用是1元。

我们先计算单件成本。当大批量生产时，为了节省设备每次切换时所需的400元成本，工厂采用3000件一批的大批量来生产，一共需要切换2次即可完成生产。这时，每件的制造成本计算结果是3.27元，如图12-1所示。

中国制造工厂困局与运营突破

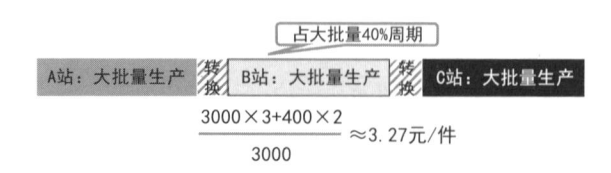

```
         占大批量40%周期
A站：大批量生产 转换 B站：大批量生产 转换 C站：大批量生产
```

$$\frac{3000×3+400×2}{3000}≈3.27元/件$$

图 12-1　大批量生产单位产品制造成本

而采取快速交货、频繁切换设备时，每批生产 1000 件，一共需要切换 8 次，单件的制造成本计算结果是 4.07 元，成本相对大批量生产增加了 24.46% 左右，如图 12-2 所示。

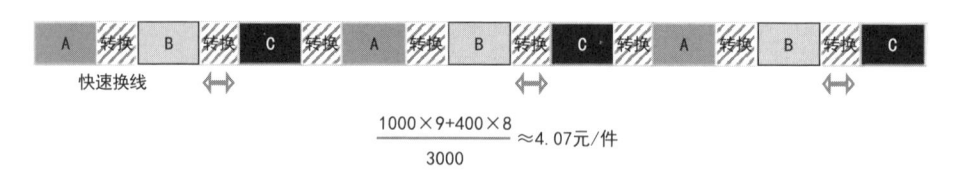

```
A 转换 B 转换 C 转换 A 转换 B 转换 C 转换 A 转换 B 转换 C
快速换线
```

$$\frac{1000×9+400×8}{3000}≈4.07元/件$$

图 12-2　小批量生产单位产品制造成本

这时，再加入资金强度因素。大批量生产时，各工序有 3000 件产品，所以 3 个工序合计有 9000 件在制品。连续运转，每件在制品资金占用 1 元，现场便始终有 9000 元的半成品的资金占用。

依旧以每百万元资金日收益额为准。当采取大批量生产方式时，有效产出每件为 5 元，减去 3.27 元的制造成本，3000 件的总利润为 0.519 万元，而大批量生产时，总的资金占用为 0.9 万元。因此大批量生产时，资金强度收益率是 57.67%。

而小批量的生产方式，日资金强度收益率是 0.93%，比大批量生产高 61%：

第十二章　有效产出会计与控制资金

$$\text{大批量} \quad \frac{(5-3.26) \times 3000}{3 \times 3000} = \frac{0.519}{0.9} = 57.67\%$$

$$\text{小批量} \quad \frac{(5-4.07) \times 3000}{3 \times 1000} = \frac{0.279}{0.3} = 93.00\% \quad \uparrow 61\%$$

所以，选择小批量、高成本的生产方式，工厂的资金强度收益率更高。

还有一种影响生产批量与周期的决策，就是选择同步生产还是集中生产。

富士康为何能不计成本地快速交付

用一个简化的例子说明。某工厂有 A、B、C、D 4 款产品，市场需求急切，交易条件为预付一定比例的货款，出货时现结。这 4 款产品每款的材料费用均为 3 万元，售价为 7 万元，月运营费用是 10 万元。

工厂中有 4 台设备（1#、2#、3#、4#）可生产 4 类产品。当 4 台设备独立生产各类产品同样件数时，均需 4 天完成；4 台设备同时生产同一款产品时，1 天便可以完成 4 天的件数。

那么，是采取 4 台设备同时集中生产某一款产品，还是 4 台设备分别生产不同的产品对工厂更有利？

同样先测算资金强度。当 4 台设备分别生产不同的产品，也就是同步生产时，每款产品的生产周期为 4 天。这时我们可以观察到，资金从投入至出货的整个过程因为是分批投入和使用的，期初只需投入产品资金的 1/4 也就是 3 万元，到期末，材料资金才达到全部 12 万元。

用期初资金占用量加上期末资金占用量除以 2，就能得到同步生产时每天的资金占用。计算单款产品的资金强度为（3+12）÷2×4=30万元。

而采取多台同时集中生产一款产品时，每款产品一次性投入，占用资金是12万元，而要完成全部订单需要用1天。因此，计算出单款产品的资金强度为12×1=12万元。

为了方便演示，我们先不考虑设备切换的成本与收益，直接用净利润代替资金强度收益率计算公式的分子：

$$\frac{净利润}{（3万元+12万元）÷2×4（天）} = \frac{净利润}{30万元}$$
订单同步生产

$$\frac{净利润}{12万元 × 1（天）} = \frac{净利润}{12万元} \Uparrow$$
订单集中生产

这个案例中，同步生产资金强度收益率是集中生产的40%。这也是富士康投入大量的设备，采取集中式生产的原因。集中生产在实现快速交付客户订单、获得高竞争优势的同时，还让工厂获得了高收益。

大批量采购还是小批量采购

宝洁为何鼓励上下游尽量采取小批量采购？

时任宝洁大中华区供应链副总裁的马文娜在一次公开演讲中提到："供应链的打造不仅仅是为了省钱，我们还希望更好地花钱，为消费者创造更多的价值。"

上一章中提到过供应链集中库存与频密补货，能帮助经销商减少畅销

第十二章 有效产出会计与控制资金

产品的缺货,同时减少库存。但是,如何将这些好处量化成资金的收益呢?我们来计算一下。

举例,有材料价值 100 万元,利润 100 万元。若一次性批量采购,工厂在基准价上会给经销商优惠 5 万元,可供 60 天消耗。如分 5 批采购,每批 20 万元,每批只可供 12 天消耗,此时每批采购价格加价 1 万元。

请问:经销商是选择批量的优惠价,还是分批加价采购?

同样先测算资金强度。当采用 60 天批量采购时,资金强度是 3000 万元。而分 5 批采购时,虽然每批还得加价 1 万元,但是每批量只需 21 万元的资金,最后资金强度是 630 万元。

再计算两种选择的成本与收益。利润 100 万元,批量采购优惠 5 万元,净利润增加到了 105 万元;分批采购时每次还加价 1 万元,5 次加 5 万元,净利润减少到了 95 万元。

分批采购与批量采购相比,经销商利润相对减少了 10 万元,但是资金强度收益率却增加了 3.5 倍。也就是经销商可以用更少的资金量实现经营运转,投资收益自然大增。

$$\frac{100\,万元\,(利润) + 5\,万元\,(优惠)}{100\,万\,(资金) \div 2 \times 60\,(天)} = \frac{105\,万元}{3000\,万元} = 0.035\%$$

批量采购

$$\frac{100\,万元\,(利润) - 1\,万元\,(加价) \times 5}{20\,万元\,(资金) \div 2 \times 60\,(天)} = \frac{95\,万元}{600\,万元} = 0.158\% \ \Uparrow$$

分批采购

最后再介绍一种非常紧急特殊的情况,就是当企业现金流即将中断时该如何决策。

现金断流时的决策

虽然这种情况极少出现，但在我的咨询经历中的确遇到过一次。

某汽车照明灯制造企业出现了现金流不足的问题，企业的生产现场以及生产计划十分混乱。我原以为是追求局部效率引起的生产周期长、产销协同不畅等老问题导致的。可是随着调研的深入，我发现，采购到货不及时是造成订单交付不及时的主要原因。再追其究竟，发现竟然是企业现金紧张，长期拖欠供应商货款，供应商无奈断供，才造成采购到货不及时。

故事并没有结束。这家企业在当地很有名气，规模也较大，并且已进入上市流程。于是，在企业主、地方政府、股东们的共同努力下，企业拉来了新的战略投资方。

可是，据企业内部老同事私下介绍，因为企业前期经营绩效不佳，这家新资方的入资价格低到可怕。这是一种非常特殊和紧急的情况。

当企业遇到这种情况时，我们来看一下企业运转逻辑发生了什么变化。

我们知道，企业产品有利润，但是因为资金强度过高而需要投入大量的资金与更长的周期时，就意味着有效产出换回现金的速度太慢。如果不能维持变动成本的支出量，企业便会出现现金流中断，黑字破产。

当企业出现现金流中断时，就意味着企业没有了现金流的"血液"维持循环，企业的所有投入可能会大幅缩水，甚至"归零"。这时，所有的运营费用、成本、利润均失去了意义。

在这种紧急情况下，我们不得已采取新的决策逻辑，只考虑现金流的增长与回收，直到现金流恢复到可维持企业基本运转为止。

第十二章 有效产出会计与控制资金

这一决策逻辑就是不再考虑运营成本以及利润变化,当企业遇到现金流中断,面临即将无法正常营业的情况时,就需要采取现金周转率决策公式。用同一周期的销售收入直接除以资金强度,如图12-3所示。

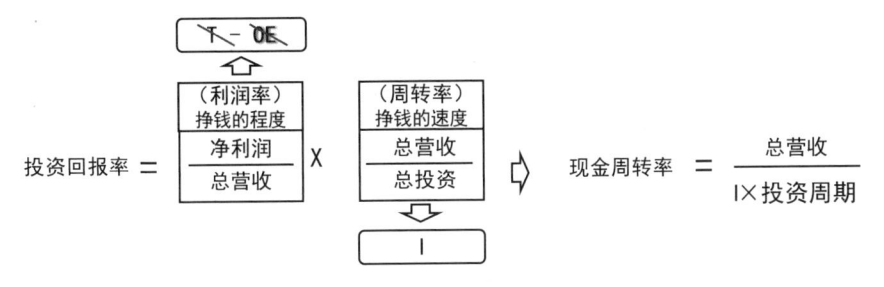

$$投资回报率 = \frac{净利润（利润率：挣钱的程度）}{总营收} \times \frac{总营收（周转率：挣钱的速度）}{总投资} \Rightarrow 现金周转率 = \frac{总营收}{1 \times 投资周期}$$

图 12-3 资金限制时的现金周转率计算式

下面用一个案例进行说明。某工厂现金流入不敷出,也无法取得新贷款,即将陷入停产。

这时,有一份100件的订单,客户45天后付款。这份订单的销售额是1000万元。除原材料外,需要150万元的其他变动成本。而此时工厂采购现金不足,即将陷入困境。

这时有两家供应商,可供工厂选择交易决策:

· A供应商每件1万元,并按货到付款条件收款。
· B供应商每件4万元,并提供可延期30天的付款条件。

尽管采购大骂B供应商真黑,价值竟然是A供应商的4倍,但是工厂要生存下来,绝不能太意气用事,或许黑心供应商正在救工厂。

同样先计算资金强度。工厂向A供应商下单时所需的资金量是100件乘每件1万元,加上其他变动成本150万元,合计250万元。

A供应商提供货到货款的交易条件，而工厂的客户在生产完成后45天才付款。所以，工厂的资金占用周期是45天。

我们再看看B供应商的情况如何。B供应商的价格是A供应商的4倍，100件加上其他的变动成本，所需资金量合计550万元。B供应商的优势是能提供30天的月结机会，于是，资金占用周期相当于15天。

前面我们提到过，这种特殊情况下要考虑的是活下来，不考虑成本和利润率变化两项指标的变化。无论如何，应先生产完这份订单，哪怕采取B供应商的价格，只要工厂能坚持45天，就可以回收1000万元，扣除支付的货款，就意味着45天能制造出450万元的现金流。工厂能活下来，未来才有机会考虑成本与收益率的问题。不同价格和付款周期的资金强度收益率计算如下：

$$\text{A供应商（低价，现付）}\quad \frac{1000\text{万元}}{250\text{万元} \times 1.5\text{个月}} = \frac{1000\text{万元}}{375\text{万元}} = 2.67\%$$

$$\text{B供应商（高价，月结）}\quad \frac{1000\text{万元}}{550\text{万元} \times 0.5\text{个月}} = \frac{1000\text{万}}{275\text{万元}} = 3.64\%$$

所以在这个时候，一旦我们不再抱怨B供应商，开始冷静地用现金周转率测算，很快就能得出结果：接受B供应商的条件，现金回收速度更快，可以挽救工厂不至于黑字破产。

这个例子提醒工厂在特殊情况下绝不能意气用事，而应该用理性与逻辑计算做出正确的决策。当然这个例子十分夸张，现实中真的面临这种情况时，我还有许多建议，比如可以采取接受现付现结的订单，加大应收款回收力度，珍惜存留现金，极力减少库存，实施制约理论的生产方案，确

第十二章 有效产出会计与控制资金

定运输方式,确定生产批量等措施。

以上措施不需要消耗太多成本,便可以快速见效。如果工厂真的不幸遇到这种情况,本节内容正是工厂所需要的。

本章小结

本章我们分析了各标杆工厂的决策逻辑,核心是加入了资金强度这一信息。所以我说:所有成功工厂的长期主义,均为整体收益最大的双赢算计。

我们再次思考这些几个问题:

· 增加运营成本,利润就一定会变低吗?

· 小批量浪费的成本,就一定代表收益会降低吗?

· 大批量采购的低价格,一定会增高收益吗?

· 当现金流"血液"即将断流时,利润还有意义吗?

答案均为不一定。因此,工厂只需要通过我们的新理念,用有效产出会计的 3 项指标、3 个决策逻辑,便可迅速做出有效的决策,实现工厂的整体收益最大化。

此时,关心传统财务的读者,可能仍有一些疑问或顾虑。

有读者可能会发觉,前面章节的内容似乎一直在攻击传统会计,挑战现有的成本会计准则,还鼓动各位运营决策者忽视成本。如果你是工厂的财务专业人士,或许会对本书的内容产生少许的反感。

下一章我将为这些可能存在的误解做一些澄清,看看造成成本会计失效背后真正的原因是什么。

第十三章

用成本思维决策为何会失效

前面我们一起分析了局部效率优先模式与成本思维会给工厂带来哪些恶果；运用有效产出会计可以帮 5 类工厂实现收益倍增；当工厂引入资金强度收益率时，便可以化解成本与资金量占用的决策难题。

但是，貌似前面所有内容都在攻击传统会计思维，挑战成本会计准则，还鼓动运营决策者忽视成本。下面我将为这些可能存在的误解做一些澄清，本章的主题是：用成本思维决策为何会失效？

历史赋予财务的重任

我们知道，财务人员在工厂中有着非常重要的地位。财务人员需要拥有资质，掌握财税相关法规、准则。他们负责工厂运营数据的记录，并输出三大报表，最后依法帮工厂报税节税。同时，财务还会代表工厂与政府、工商、税务或投资方对接财务工作。

另外，财务还有有一项重要的对内职能，就是对工厂运营实施监控、考核，提供财务数据，并参与运营决策。所以，财务职能在工厂经营中至关重要，不可替代。

前文阐述了传统成本思维的不足，强调了有效产出会计的简单、有效，但是有效产出会计也有具体的应用场景范围。因此，对工厂的运营决策者，需提示以下几点：

第一，有效产出会计是制约理论中的绩效评估工具。之所以会有制约的存在，是因为它是用系统整体观或站在完整的价值链顶端看待工厂的运营。所以，有效产出会计是运营决策者在做运营决策时使用的会计方法。

第二，细心的读者可能会发现一个共同点，就是在前文所有的负面案例中，运营决策者只采纳某一局部指标便做出了决策。所以，我反对运营决策时只参照个别局部的效率或成本指标便做出决策。

第三，成本会计与有效产出会计并不冲突，在工厂运营与经营过程中应该并存。有效产出会计可以借助现有财务会计体系摘取个别数据，实现有效导入与运用，但绝不可代替现有传统会计的任何对外功能。

"今天的问题来自昨天的解"

"今天的问题来自昨天的解"，这是彼得·圣吉《第五项修炼》中的一句话。

我们知道，任何人或组织做出一项行动时，一定有支撑这项行动的理由。在旧的环境条件、理念与政策的支持下，我们会采取某项行动。这一行动会带来正面积极的结果，于是我们便得到一个反馈，即正面的认知。当这一正面的认知被组织系统接纳，便形成了工厂或行业的规则。

第十三章　用成本思维决策为何会失效

但是，任何一项行动在带来积极结果的同时，也会带来负面的结果。于是，我们会产生一个负面的认知。由于这个负面认知与积极结果同时存在，我们就会对负面结果实施补救与修正。同样，当这些补救与修正被组织系统接纳，它们也会变成工厂或行业的规则。

举个生活中的例子，办消费预存卡是在商业互信、市场有序的环境中产生的。这种模式下，商家可以提前收款，减少经营资金压力；消费者可以拿到更高的优惠，双方实现了双赢。所以，办卡曾经风靡一时。

尽管有双赢的效果，但是，办卡也会给商家与消费者带来负面的影响。比如，消费者对商家的实力表示担心。于是，凡是办卡的商业机构，都不得不加大固定资产的投入，将门店装修得更加豪华以凸显实力。这些做法貌似形成了办卡场景的规则惯例，但也为未来埋下了隐患。

办卡的方式会给商家带来销售的假象，但它并不代表有了真实的收入。对于消费者来说，他们只是偶尔消费一次，消费需求并不强烈，却在折扣的刺激下，办理了长期消费折扣卡。

此时，商家投入了过高的固定成本，而固定成本会随时间固定消耗，加上高折扣办卡后的低利润，商家就存在极高的经营亏损风险。

最后的结果大家都知道了，过去商业互信的市场秩序，被个别携款潜逃的不良商家打破。一段时期内，此类事件在各类媒体上频频曝光，人们变得"谈卡色变"。

所以，在旧的环境、理念与政策驱使下产生的某一行动，当环境发生改变时，一切行动将失效。

这时，我们回到传统成本会计规则产生的环境。我们需要正视，传统成本会计产生的背景与环境已经发生改变，原本它可以帮工厂做出正确的决策，但因其适用背景与环境的改变，传统成本会计作为决策依据已失效。

下面我来说明，为何传统会计作为决策依据已失效。

环境已变，成本准则未变

在工厂的经营中，财务有两项主要职能，控制成本与解决核算。

成本会计远在工业社会产生之前便有了雏形，在其产生时期，工业相对落后，生产设备与工艺相对单一，市场中产品也相对匮乏。

在工艺简单，生产设备单一，固定成本占比较低的时代，工厂为了实现控制成本，解决核算需要，将固定成本依据工时分摊至产品成本中，是趋向合理的一种解决方案。

与此同时，由于产品匮乏，整体处于卖方市场。在手工作业为主的生产环境中，计件工资是一项有效的管理方法，被工厂广泛地采纳，工厂可以用计件工资制激励各工序高效率、大批量生产。

由于固定成本依据工时消耗实施分摊趋向合理，加上各工序有准确的计件人工材料数据，所以各局部成本之和等于总成本，同样趋向合理。

由于当时工业相对落后，市场产品匮乏、单一，并且产品更新迭代缓慢，所以工厂大批量生产时，现场有大量的半成品、成品也不会有积压报废的风险。

所以，在当时的环境与政策理念下，成本会计采取固定成本分摊，放任各类库存积压，也不会对工厂造成危害。

第十三章　用成本思维决策为何会失效

而在当下的时代背景与市场竞争环境下，生产工艺变得复杂，生产设备不断大型化、自动化，工厂的固定成本占比相对人工成本发生了较大的变化，已经大幅增加。同时，由于竞争的加剧，产品更新迭代速度加快，市场产品丰富，由卖方市场转变为买方市场，产品供大于求。

所以，旧有的固定成本分摊作为决策依据已经失效，放任库存高涨而不会有所损失的环境也发生了改变，而成本会计仍维持着旧有的准则。

因此在新环境下，成本会计不追究库存的归属并采取固定成本分摊的做法，将带来许多负面影响。

成本会计的两大缺陷

对于工厂来说，各工序间存有大量的半成品。但在传统成本会计的准则中，并未将半成品和成品库存的核算纳入其中，反而由于成本分摊的做法，各工序生产越多，产品的单位计算成本越低。因此，传统的成本测算与考核模式注定会激发各工序加工出更多的半成品库存，继而产生更多的成品库存。一些有责任的财务人员会根据经验直觉，不断通过库存盘点、通报的方式，提醒工厂库存占用信息，但因工厂经营理念与考核指标的驱使，效果始终有限。

这样的机制极易激发更多的库存、更低的整体收益，以及各部门的局部效率指标和成本指标达成，但是工厂整体的目标反而未能实现。

我们再来关注固定成本分摊的问题。传统财务需要核算成本，确认利润，因此，需要核算出各类产品、订单的制造成本。

在核算过程中，变动成本可以根据订单、产品粗略地统计与归集。但是，固定成本则无法根据订单或产品进行区分。因此，为了实现产品成本的核算，固定成本分摊应运而生。

在分摊过程中，由于无法将固定成本直接区分、归依在对应的产品或订单之中，于是需要从不同产品、订单中找出可区分、归集的因素，作为一种分摊依据，再将整体的固定成本分摊至不同的产品与订单。这时，采取不同的分摊依据，极有可能产生不同的结果。或者说，不同的分摊依据总会带来不同的负面效果。

比如，当工厂采取标准工时分摊固定成本时，因为并非所有产品生产时都需要用到所有的设备，公司生产不同的产品，或者生产时间段不同时，总会有一些设备工时处于闲置状态，这些未使用的设备工时便是个问题。

在这种分摊模式下，老板会问："我们采取了不同产品的标准工时进行分摊，但是那些并没有使用的设备工时，到底算谁的？"

有了这个问题，有的工厂会将标准工时分摊逻辑修改为根据实际工时占用比，对不同产品、订单进行分摊。也就是生产产品、订单时，无论实际使用某项资源的时间是多少，统一按每日/每季实际使用的时长占比来分摊全部资源费用。

这时又会产生另一个问题，某些资源只有生产少量产品时会使用，所以分摊时会将这个资源的所有成本分摊至这该产品之中。

在这种分摊模式下，当某些产品订单使用某些偶尔才开动的资源时，它的成本将急剧上升。这时，客户会问："为何生产只用了极少的时间，收费却如此之高？"

第十三章　用成本思维决策为何会失效

当然，现代会计早已发现了这些弊端，科勒教授在1952年提出了一种相对更精确、拥有更多分摊要素的分摊准则，即作业成本法（ABC）。

可是，只要采取了分摊的方式，就默认各项资源的功能并无关联，各项资源有其对应的价值和成本，可以采取先分摊再算术加总的归集方式。

但是，事实真是这样吗？

用工厂电费分摊举例。许多工厂分摊电费会考虑不同的分摊基准，以便考核各工序的能耗效率。有一天出现了极端情况，变压器突然故障，全厂停产2天。这时，各工序、各产品的制造成本会急剧增加。请问零电耗时，为何成本反而会增加呢？

这是因为工厂是一个完整的系统，任一环节的价值必须依赖其他环节的共同协作才能体现，只有整个系统有所产出，才有价值。所以，分摊后再算术加总的做法在特定情况下毫无逻辑。

这时，我们再看由于实施分摊而人为赋予产品成本的另一场闹剧。

成本会计的魔法

库存没有归属，加上成本会计采取固定成本分摊的原则，造成了工厂运营管理者可以利用库存和分摊来粉饰业绩的后果。

如图13-1所示，工厂的总投资产能并未充分利用。总的生产量只占产能的一部分，实际销售量又低于产量，于是产生了一些库存。

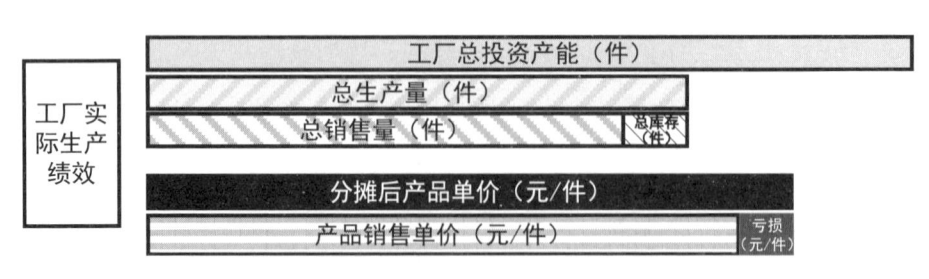

图 13-1　产能未充分利用时的产品单价

这时，工厂的产品成本需要分摊全部的投资产能，于是产品成本就变得相对市场售价较高。于是，工厂便产生了亏损。

聪明的经理人会利用成本会计的这一漏洞，他并不理会最终的市场需求，而是预测式地大批量生产，增加总产量以摊薄固定成本，于是便得到了更多的没有订单需求的库存和更低的产品单价。而此时，财务报表却显示工厂盈利了，如图 13-2 所示。

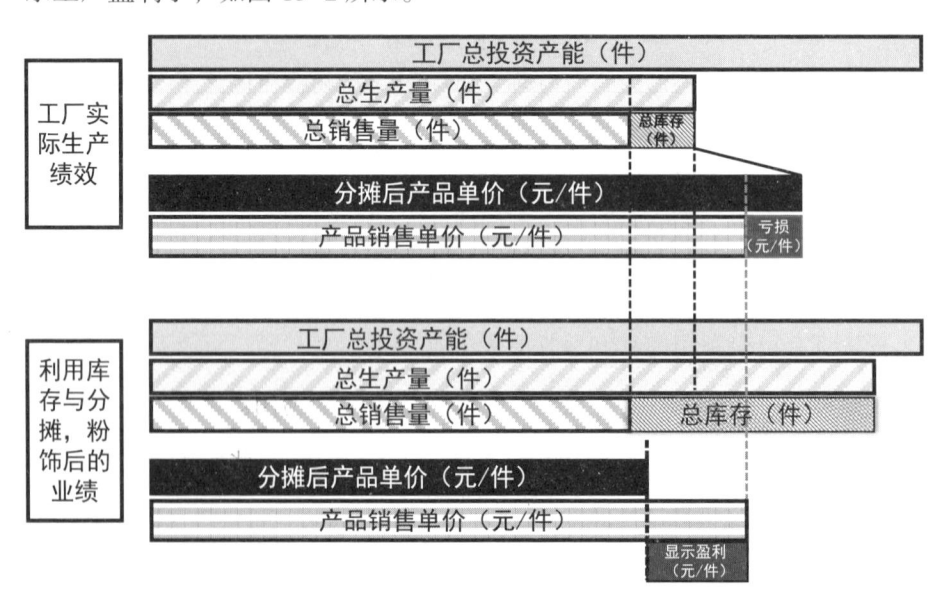

图 13-2　利用库存粉饰成本

第十三章　用成本思维决策为何会失效

显然这只是数字游戏，不仅不能为工厂带来真正的利润，反而拉低了资金的流动性，增加了库存留滞与报废的风险。如果有人质疑这些库存有风险，会造工厂的损失，不可作为工厂的利润，聪明的经理人会说：这都是工厂未来的利润。

分摊基准导致的低效益

我们再看一个由分摊造成的更大的组织间内耗问题，它出现在一家大型集团内。

某集团 PQ 事业部面临着停产裁员的危机，为何会这样？因为财务报表显示该事业部的年投资回报率过低，只有 0.59%，低于银行存款年利率，集团觉得持续投资这个事业部存在风险。

PQ 事业部却觉得自己的业绩明明高于其他事业部，真是有苦难言。

我们一起来研究下 PQ 事业部是否真的有委屈？

集团经营月度报表（表 13-1）显示，集团有 3 个事业部，分别为 PQ 事业部、AB 事业部和 CD 事业部。最终的年投资回报率分别为：PQ 事业部 0.59%、AB 事业部 5.89%、CD 事业部 6.93%。3 个事业部的合并报表显示总投资收益率为 5.57%，因此集团觉得 PQ 事业部在拖后腿。

中国制造工厂困局与运营突破

表 13-1 分摊后,集团 3 个事业部经营报表

事业部排名及名称	月销售额(万元)	占比(%)	月有效产出(万元)	占比(%)	月运营费用(万元)	占比(%)	月净利润(万元)	占比(%)	投资(万元)	占比(%)	年投资回报率(%)
NO.3 PQ事业部	1200	40.68	292	35.96	288.81	47.35	3.19	1.58	6500	14.94	0.59
NO.2 AB事业部	900	30.51	320	39.41	236.61	38.79	83.39	41.28	17000	39.08	5.89
No.1 CD事业部	850	28.81	200	24.63	84.58	13.86	115.42	57.14	20000	45.98	6.93
合计	2950	100	812	100	610	100	202	100	43500	100	5.57
集团总年投资回报率											5.57

进一步分析我们会发现,各事业部的年投资回报率,是将集团每月的120万元运营费用吸收分摊后的结果。

将集团的运营费用全部剔除,得到表13-2,对应3个事业部的年投资回报率,分别为9.60%、8.47%、9.00%。结果显示,正如PQ事业部所说,他们的业绩最突出。

表 13-2 分摊前,集团 3 个事业部经营报表

事业部排名及名称	月销售额(万元)	占比(%)	月有效产出(万元)	占比(%)	月运营费用(万元)	占比(%)	月净利润(万元)	占比(%)	投资(万元)	占比(%)	年投资回报率(%)
NO.1 PQ事业部	1200	40.68	292	35.96	240	48.98	52	16.15	6500	14.94	9.60
NO.3 AB事业部	900	30.51	320	39.41	200	40.82	120	37.27	17000	39.08	8.47
No.2 CD事业部	850	28.81	200	24.63	50	10.20	150	46.58	20000	45.98	9.00
合计	2950	100	812	100	490	100	322	100	43500	100	8.88
集团总年投资回报率											5.57

第十三章 用成本思维决策为何会失效

但是，集团如何考核各事业部的问题并没有解决。集团需要考核各事业部，设定目标，激励下个季度持续提升盈利。集团问："到底如何分摊？我们想过许多办法，比如按销售额，按运营费用，按投资额，总有人提出不合理。"

我们一起来看看这3种分摊方式的结果，再分析抱怨来自哪里。

当采取按销售额分摊的办法时，每个月AB事业部摊得36.61万元，CD事业部摊得34.58万元，PQ事业部摊得48.81万元，结果如表13-1所示，PQ事业部变成了第三，原来的年投资回报率9.60%变成了0.59%，所以PQ事业部说不合理。原本显示最挣钱，现在却变成了处于亏损的边缘，被集团认为拖后腿。

当采取按运营费用的百分比分摊时，结果如表13-3所示。固定资产及人员成本越高的分摊更多。用此模式，在未分摊前年投资回报率排名第一的PQ事业部变成了第三名，并且每年还亏1.25%。

表13-3 按运营费用分摊集团三事业部经营报表

事业部排名及名称	月销售额（万元）	占比（%）	月有效产出（万元）	占比（%）	月运营费用（万元）	占比（%）	月净利润（万元）	占比（%）	投资（万元）	占比（%）	年投资回报率（%）
NO.3 PQ事业部	1200	40.68	292	35.96	298.78 (58.78)②	48.98	-6.78	-3.36	6500	14.94	-1.25
NO.2 AB事业部	900	30.51	320	39.41	248.98 (48.98)	40.82	71.02	35.16	17000	39.08	5.01
No.1 CD事业部	850	28.81	200	24.63	62.24 (12.24)	10.20	137.76	68.20	20000	45.98	8.27
合计	2950	100	812	100	610	100	202	100	43500	100	5.57
集团总年投资回报率											5.57

---

① 括号中的数据为按原月运营费用占比，将集团总部每月运营费用120万元分摊至3个事业部的数据。

所以 PQ 事业部说："这更不合理。在分摊前，我们每月至少还挣 52 万元，现却变成了亏损，不合理。"于是 PQ 事业部提议按投资额分摊，结果如表 13-4 所示。

表 13-4　按投资额分摊，集团 3 个事业部经营报表

事业部排名及名称	月销售额（万元）	占比（%）	月有效产出（万元）	占比（%）	月运营费用（万元）	占比（%）	月净利润（万元）	占比（%）	投资（万元）	占比（%）	年投资回报率（%）
NO.1 PQ事业部	1200	40.68	292	35.96	257.93（17.93）①	42.28	34.07	16.87	6500	14.94	6.29
NO.3 AB事业部	900	30.51	320	39.41	246.90（46.90）	40.48	73.10	36.19	17000	39.08	5.16
No.2 CD事业部	850	28.81	200	24.63	105.17（55.17）	17.24	94.83	46.94	20000	45.98	5.69
合计	2950	100	812	100	610	100	202	100	43500	100	5.57
集团总年投资回报率											5.57

当按投资额的百分比进行分摊时，原排名第二的 CD 事业部排名没有变化，但是它的年投资回报率却由 9.0% 变为了 5.69%，下降了 3.31%。这时 CD 事业部也抱怨："这不公平，我们的运营费用低，每年的业务销售额少，事业部人数也最少，为何分摊给我们这么多的费用？"各事业部之间争论不休，工作热情锐减。

不仅如此，往年因为过度关注分摊依据，各事业部会还会采取一些非常规的操作，不仅增加了运营者无谓精力的消耗，更会降低最终的运营绩效。

· 集团若按销售额分摊运营费用，事业部就会极力控制低毛利产品的销售量，原本可为事业部、集团带来更多利润的订单，也不愿承接。

第十三章 用成本思维决策为何会失效

·集团若按运营费用分摊运营费用,事业部就会尽量减少自制产品,增加外采占比,从而减少自制生产时的运营费用投入。表面上是节省成本,实质浪费了大量产能与资源。

·集团若按投资额分摊运营费用,那么某些虽有必要但投资金额较高的资产,事业部宁愿高价租用,也不敢轻易投资采购。

·更有甚者,事业部为了提升盈利,有意增加内部成本价格,或者直接向对方事业部争取更高的内部结算价格。而这些行动均无益于集团整体利润与市场竞争力的增长。

总之,一旦分摊,不仅无法真实体现各事业部的经营水平,还会引起运营管理者消耗无谓的精力在分摊要素上。

对企业来说,更潜在的危害是,只要存在分摊,无论集团总部采取哪种方式分摊运营费用,都无法对集团与日俱增的运营费用构成任何压力。

成本会计为何仍长期存在

我们分析了成本会计的分摊原则产生的背景,也深深理解了这些弊端在伤害工厂。但是,为何成本会计仍长期存在?

这是因为惯性。旧有环境背景发生改变的过程是隐蔽且缓慢的,但是已形成的能量却十分巨大。

成本会计与财务的核心职能无法被取代,它需要服务工厂经营者,同时服务投资者,这就需要有一套公平、透明的准则,同时负责向国家提供纳税依据。

另外，财务体系与会计准则发展至今已变得十分健全，且应用广泛，再加上其独有的专业壁垒，它在工厂经营管理上始终无可替代。

当然，财务的价值不仅在于对外，内部运营考核也需财务提供必要的数据支撑。

成本会计的核算原则也在不停地补充、完善和进步，但是成本会计采取将固定成本分摊后再加总的方式，是难以支撑快速有效决策的，这一点并未改变。

本章小结

本章我们提到了彼得·圣吉，谈到了"今天的问题来自昨天的解"，还讲了任何行动带来正面结果的同时，也会带来负面影响。

所以，某一项问题长期存在、给工厂带来决策难题的同时，也会带来巨大的机会，我们需要做的是正视它，利用好它！那么如何利用呢？

下一章，我将介绍如何使用新理念，创建完整的有效产出会计报表，代替传统财务报表用于运营决策，帮助工厂实现效益增长。

第十四章

更加简单有效的替代方案

通过前文，我们了解了成本会计因为忽视库存归属、分摊固定成本并采取局部成本加总的方式给工厂带来的一些负面影响。

财务的3张报表记录的分别是期间的利润、日常业务中每笔现金的出入和工厂投资额的来源与用途，它们是描述工厂投资与运营结果的3种视角。而在对内决策时，这些报表却无法满足运营者决策时所需的简单、高效及面向未来的诉求。

当我们采用有效产出会计作为决策依据时，便可改善上述问题。接下来我们详细介绍，什么才是更加简单有效的替代方案。

有效产出经营报表

首先，我们回顾一下有效产出会计的3项指标，有效产出、总投资和运营费用。这3个指标有1个共通的特点，它们都是工厂的整体指标。

T是工厂运作产生的增值的钱，I是工厂总投入的钱，OE是工厂运营时消耗的钱。

我们可以通过以上 3 个指标以及系统始终存在制约这一特性,演变出投资回报率以及 3 个决策公式。这 3 个决策公式可以指导工厂生产运营决策者做出正确的决策。

当工厂采取这 3 个公式完成每期的运营,便可以通过有效产出经营报表回顾并评估工厂的业绩。

有效产出经营报表可以规避传统成本会计关于库存归属与分摊带来的负面影响。另外,这份报表不但可以用于定期统计独立经营的工厂数据,也同样适用于某一独立经营的事业部。

表 14-1 是一份有效产出经营报表,其中的指标说明如下:

表 14-1 有效产出报经营报表

项目		说明
产量		产成品总产量,用工厂通用单位计算
销量		已完成销售订单合同的产品出库数量
产能利用率		各产线的设备实际工时与可用工时之比
销售额		已完成销售订单合同的产品出库金额(包括未收款)
库存资金(仅采购成本)	原材料	期间生产原料平均库存金额
	半成品	第一道工序投料至入成品库前,总半成品金额
	成品	期间生产完成的产成品库存金额
交付周期		按最大占比产品系列,计算客户下单至出库时间
准时交付率		用实际交付日与首次订单承诺日对比计算
变动成本		用于订单交付、需外采的成本(建议包括直接人工成本)
运营费用		除上述费用的所有固定支出类费用与固定资产折旧的合计
有效产出		销售额减完全变动成本
净利润		有效产出减去运营费用
总投资		包括自有资金与负债
投资回报率		净利润除以总投资

第十四章 更加简单有效的替代方案

- 产量：指期间产成品的总生产量，单位可根据工厂的实际情况作调整，这是一项监控（过程）指标。

- 销量：同产量一样，也是监控（过程）指标，但是需要注意的是，这里的销量指的是入成品库后，再根据合同订单完成出库的量。所以，当产量大于销量时，产成品入成品库，并未实现销售，所以不可计算为销量。产成品完成销售并出库后，哪怕未实现收款，仍可计入销量当中。

- 产能利用率：各产线的设备实际工时与可用工时之比。

- 销售额：已完成销售订单合同的产品出库金额（包括未收款）。

库存资金分为原料、半成品和成品。需要注意的是，无论是半成品还是成品，只计入材料的采购成本，不计入制造费用。

- 原材料：指期间生产原料平均库存金额，统计时可采取期初加期末之和的平均值。每期的统计原则应统一，防止因统计原则不同造成的数据变异。

- 半成品：从第一道工序投料至入成品库前，所有工序的半成品总金额。未完成成品检验或未完成入库的产成品，均为半成品。

- 成品：期间生产完成的产成品库存金额。同样，未完成检验的产成品需计入半成品库存当中。

- 交付周期：按工厂销量占比最大的产品系列，计算其自客户下单至出库的时间。这项指标在咨询过程中是工厂提出疑问最多的指标。比如产品不同、订单批量不同，则周期不同，要如何计算？因为这一指标同样是绩效监控（过程）指标，用于监控工厂生产管理的绩效变化，所以只需按销售占比最大的系列、最常规的产品批量来统计即可。

・准时交时率：用实际交付日与首次订单承诺日对比计算。许多工厂会将同客户二次沟通调整的交货日或内部单方面认为合理的交货日作为计算依据，但我建议统一按首次与客户沟通达成一致的日期与实际交货日进行计算，这样有利于监控工厂实际的订单交付绩效。

・变动成本：为订单交付需要进行外部采购，并且与订单销量成正比支出的成本，包括材料、销售佣金、综合税等。包装材料同样直接用于生产，并且会随产品交货一起运送给客户，因此同属于变动成本。某些生产或设备的辅助材料，只要无法与工厂的产销量成比例发生，均不应纳入此项，应纳入运营费用当中。

・有效产出：销售额减去完全变动成本。

・运营费用：有效产出会计对运营费用的解释是，生产运营所消耗的费用。所以除了上述的变动成本，原则上生产运营过程中所产生的其他费用均为运营费用，包括固定支出与固定资产折旧费用。因此，运营费用与变动成本之间有些难以区分。但有效产出会计认为运营管理者的精力有限，并且作出决策需要简洁迅速，所以即使数据再精确，但若核算的逻辑错误，也无法指导我们做好工厂运营。

・净利润：有效产出减去运营费用得出。这里的净利润指的是税后的实际净利润，可能有别于传统成本会计分摊库存后的净利润。

・总投资：工厂的总投资包括自有资金与负债。

・投资回报率：通过当期净利润除以总投资额得到。

以上所有指标均为有效产出会计中的整体性指标，我们可根据工厂实

第十四章 更加简单有效的替代方案

际情况进行完善,最终的目标是引领工厂成为像丰田一样的高库存流动性的"快艇"式生产模式。对比传统会计报表,有效产出报表将更及时、准确地反馈工厂的经营成果。

表14-2中提供了F公司咨询案例的前期初步数据示例[①]。F公司2020年全年净利润是170万元,投资回报率是0.9%。F公司采取前面所讲的制约理论解决方案后,不仅提升了准交率,实现了库存的压缩,还提升了市场竞争力。F公司在同样的固定资产投入或产能资源下,将产能转化成有效销售收入的能力大幅提升。

虽然在运营改善中新增了150万元的年运营费用,但是最终F公司的净利润变为3801.8万元,投资回报率增长至20.0%,均获得大幅度提升。

表14-2 F公司项目有效产出经营报表示例

| 项目 || F公司项目收益对比 |||
||| 2020年 || 2021年 ||
		数值	占比(%)	数值	占比(%)
产量		18000.0	/	18000.0	/
销量		16500.0	/	19100.0	/
产能利用率(%)		85	/	88	/
销售额(万元)		24000.0	100.0	27781.8	100.0
库存资金(万元)(仅采购成本)	原材料	1200.0	/	800.0	/
	半成品	500.0	/	300.0	/
	成品	1600.0	/	800.0	/
交付周期(天)		5.0	/	12.0	/
准时交付率(%)		75	/	95	/

① 表14-2中的数据为项目改善进程初期数据。该项目只涉及有效产出会计思维与报表导入、产销协同运营、降低库存,并未实施隐藏产能挖掘、产品优化组合等内容,如全部实施,此净利润与投资回报率只是起点。

续表

项目	F公司项目收益对比			
	2020年		2021年	
	数值	占比（%）	数值	占比（%）
变动成本（万元）	22230.0	92.6	22230.0	76.7
有效产出（万元）	1770.0	7.4	5551.8	23.3
运营费用（万元）	1600.0	6.7	1750.0	6.1
净利润（万元）	170.0	0.7	3801.8	17.2
总投资（万元）	20000.0	/	19012.0	/
年投资回报率（%）	0.9	/	20.0	/

如前面章节介绍，制约理论针对制造工厂有着完整的解决方案，可帮助工厂不断建立新的竞争优势，节省运营资金，取得市场突破，实现净利润增长。

专精特新服装工厂第三次收益倍增

下面，我们再为大家介绍有效产出会计的另一份报表——有效产出报表。这份报表可用于工厂整体的决策，以及工厂定期的产销协同经营分析。我们继续用前述专精特新服装工厂的故事为大家拆解分析。

当时，服装工厂在顾问的建议下，投资了整烫设备，同时投入更高成本采用了新内衬面料。通过聚焦单位时间产值更高的女装，成为女装行业的专精特新工厂，工厂的净利润提升了1倍多，每月达到7.91万元。企业总投资额为200万元，年投资回报率为47.5%。

这时，服装厂想继续提升收益，有两个方案供服装厂选择。

第一个方案是，由于服装厂的市场口碑在提升，订单也在增长，车间主任根据经验分析，如果加大生产批量，由现在的100件切换一个品种变

第十四章 更加简单有效的替代方案

为 500 件再切换，那么各环节效率及瓶颈效率将提升 12%，瓶颈时间提升约 1 分钟。这样服装厂的成本并没有增加，但利润可以得到增长。

另一个方案由工程师 A 提出。他建议投资 10 万元进行技术改造，将每件产品在车缝、定型两个工序上的时间节省 1 分钟。

服装厂是选择加大批量提升效率，还是投资提升技术呢？

我们先熟悉一下有效产出报表的内容。有效产出报表包含各类产品的销售单价、完全变动成本、单件有效产出、产品 CCR 时间、单位时间有效产出等。

当市场销售有了各产品客户的预测需求后，就可以进行收益最大化接单，计算出总的有效产出。

当用产品总有效产出减去运营费用后，可以得到当期净利润。并可根据公司总投资，计算出当年投资回报率，如表 14-3 所示。

有效产出报表是根据有效产出会计构建的，包含了有效产出会计的 3 项决策公式。不仅使用方便，还能在工厂改善运营决策时提供快速有效的依据。

下面，我们分别对车间主任及工程师 A 的方案进行计算。

首先计算车间主任用批量生产换产能的方案。

我们知道，放大生产批量势必会带来库存与投资金额的增加。车间主任建立批量由 100 件切换变为 500 件，因为减少了切换，每种产品均可节省 1 分钟时间，这时总的产出量便得到了提升。女装西服、女职业装的瓶颈时间，均相对改善前减少了 1 分钟。

由于产品市场竞争力提升，市场需求也得到了提升。根据最新订单需

中国制造工厂困局与运营突破

表 14-3 服装工厂二次收益倍增后的有效产出报表

序号	产品基本信息					产品组合选项			产品CCR时间及占比			产品总有效产出	
	产品名称	市场售价（元）	完全变动成本（元）	单件有效产出（元）	产品CCR时间（分钟）	单位时间有效产出（元/分钟）	市场需求量（件）	最大组合（件）	最终接单量（件）	最大组合消耗时间（分钟）	生产资源负荷率（%）	最终接单量	最大组合（元）	改善后（元）
1	女装西服	160	39	121	8	15.13	1000	500	500	4000	39.87		60500	60500
2	女职业装	130	27	103	5	20.60	1200	1200	1200	6000	59.81		123600	123600
合计							2200	1700	1700	10000	99.68		184100	184100

有效产出报表项目	改善前①（元）	改善后（元）
月总有效产出（元）	137800	184100
月运营费用（元）	100000	105000
月净利润（元）	37800	79100
总投资（元）	2000000	2000000
年投资回报率（%）	22.68	47.46

运营改善方案：
定位职业女装专精特新工厂

方案简述：
更新设备，提升女装内材料质量，专注女装生产
每月增加运营费用：5000 元
增加投资费用：0 元

① 改善前的数据为服装工厂采纳了总经理建议后的结果。

第十四章 更加简单有效的替代方案

求预测，女装西服与女职业装的订单各有 1200 件。于是工厂将最挣钱的女职业装 1200 件全部承接下来，次挣钱的女装西服承接 740 件。

这时，工厂的产能利用率达到了 99.48%，接近 100%，工厂的月度经营收益值最大。通过这一改善，工厂的总有效产出增加至 213140 元。相比改善前，增加了 29040 元。这就是车间主任加大批量带来的收获。

我们知道，任何改善决策都需要考虑资金强度下的投资回报率。由于此改善需增加库存量及库存占用，我们还需要测算出新增的资金占用量。

这个案例中，总投资是 200 万元，而库存资金是总投资的 50%，也就是 100 万元。

而当服装厂生产量增加至原来的 5 倍时，原材料、半成品、成品也相对增加，但是否相对于原总库存等比例增加呢？答案是不一定，因为原料也在分批进货，而在制品却增加了接近 4 倍，成品增加了 1 倍左右。这个案例的估算结果是，总库存增加了 200 万元。

这个数值不是精确计算后的结果，只是为了方便同读者介绍有效产出报表的运用。

某一改善方案是否值得投资，许多工厂都会有自己的测算逻辑。比如，投资回收年就是指工厂投资一份钱后，需要多久才可以回收这份投资。测算某一改善方案是否值得投资时，便需要用到改善方案投资回报率：

$$\text{改善方案投资回报率} = \frac{\triangle T - \triangle OE}{\triangle I}$$

△T：改善前后有效产出差
△OE：改善前后运营费用差
△I：改善前后投资额度差

车间主任的改善方案整体有效产出报表如表 14-4 所示，改善方案投资回报率是 17.42%。用每月有效产出差额 29040 元，乘以一年 12 个月，就可得到年度有效产出差额 348480 元，再除以新增加的库存资金 200 万元，即可得出。

在实施这个方案前，服装厂的年投资回报率是 47.46%；实施放大生产批量、提高生产效率决策后，最终的投资回报变为 32.44%，降低了 15.02%。显然，车间主任的方案仍存在一些问题。

在现实的工厂中，许多运营者会坚持认为，尽管投资回报率有所下降，但投资收益远高于银行利率，仍有利可图。并且工厂的规模、市场份额及净利润均有提升。

这时，其实面临着另外一个层面的决策：工厂是要追求规模，还是运营质量？

日本的工厂普遍选择后者，如稻盛和夫先生强调自有资金运作，不盲目扩大；丰田在做运营决策时，会与公司现有的投资收益做对比，而不只是参照银行利率。

我们再来评估一下工程师 A 的方案。工程师 A 建议投资 10 万元进行技术改造，能为公司节省 CCR 时间 1 分钟，这个方案是否会给工厂带来意外的结果呢？

第十四章 更加简单有效的替代方案

表14-4 专精特新服装厂车间主任改善方案的有效产出报表

<table>
<tr><th rowspan="3">序号</th><th colspan="4">产品基本信息</th><th rowspan="2">产品CCR时间（分钟）</th><th rowspan="2">单位时间有效产出（元/分钟）</th><th colspan="3">产品组合选项</th><th colspan="2">产品CCR时间及占比</th><th colspan="2">产品总有效产出</th></tr>
<tr><th rowspan="2">产品名称</th><th rowspan="2">市场售价（元）</th><th rowspan="2">完全变动成本（元）</th><th rowspan="2">单件有效产出（元）</th><th rowspan="2">市场需求量（件）</th><th rowspan="2">最大组合（件）</th><th rowspan="2">最终接单量（件）</th><th colspan="2">最大组合</th><th colspan="2">最终接单量</th></tr>
<tr><th>消耗时间（分钟）</th><th>生产资源负荷率（%）</th><th>消耗时间（分钟）</th><th>生产资源负荷率（%）</th><th>最大组合（元）</th><th>最终接单量（元）</th></tr>
<tr><td>1</td><td>女装西服</td><td>160</td><td>39</td><td>121</td><td>7</td><td>17.29</td><td>1200</td><td>740</td><td>740</td><td>5180</td><td>51.63</td><td>5180</td><td>51.63</td><td>89540</td><td>89540</td></tr>
<tr><td>2</td><td>女职业装</td><td>130</td><td>27</td><td>103</td><td>4</td><td>25.75</td><td>1200</td><td>1200</td><td>1200</td><td>4800</td><td>47.85</td><td>4800</td><td>47.85</td><td>123600</td><td>123600</td></tr>
<tr><td colspan="7">合计：</td><td>2400</td><td>1940</td><td>1940</td><td>9980</td><td>99.48</td><td>9980</td><td>99.48</td><td>213140</td><td>213140</td></tr>
<tr><td colspan="15">运营改善方案：
采用车间主任改善方案
方案简述：
放大批量生产，由生产100件切换一个品种变为500件，减少产品换型时间，各产品节省1分钟加工时间
每月增加运营费用：0元
增加投资费用：2000000元
注：库存资金占原投资额200万元的50%，新增库存资金=200万元×50%×2倍=200万元
改善方案投资回报率：17.42%</td><td>有效产出报表项目</td><td>改善前</td><td>改善后</td></tr>
<tr><td colspan="15"></td><td>月总有效产出（元）</td><td>184100</td><td>213140</td></tr>
<tr><td colspan="15"></td><td>月运营费用（元）</td><td>105000</td><td>105000</td></tr>
<tr><td colspan="15"></td><td>月净利润（元）</td><td>79100</td><td>108140</td></tr>
<tr><td colspan="15"></td><td>总投资（元）</td><td>2000000</td><td>4000000</td></tr>
<tr><td colspan="15"></td><td>年投资回报率（%）</td><td>47.46</td><td>32.44</td></tr>
</table>

· 229 ·

中国制造工厂困局与运营突破

工程师建议投资 10 万元，节省女装西服和女职业装产品 CCR 时间各 1 分钟。市场的预期同加大批量生产时一致，订单量也增长到了 1200 件。服装厂仍然选择女职业装接 1200 件，女装西服接 740 件。

这时服装厂实现了收益最大化以及产能负荷的充分运用，如表 14-5 所示，有效产出增加到了 213140 元。由于本方案需投资 10 万元改造设备，因此，月运营费用增加了约 4167 元（按 24 个月折旧）。这时，服装厂整体的年投资回报率变为 59.41%，相对改善前，提升了 11.95%。虽然本方案的净利润相比加大批量方案要低，但是投资回报率更高。这时的服装厂更像是库存快速流动的"快艇"式生产模式，而不是为了提高表面效率加大生产批量、增加库存资金占用，从而降低投资收益率的"邮轮"式生产模式。

我们再测算一下工程师的建议带来的改善方案投资回报率，计算逻辑与加大批量时一致。本方案的改善年投资回报率是 248.48%，因此该方案可拉高整体投资回报。

至此，两个方案的测算数据均分析完毕。你会作何选择？或许你会为了收获更多的净利润，选择加大批量生产的方案，让该服装厂成为一家批量型生产工厂。

但是，如果市场空间够大，我们可以将 200 万元资金直接投资到专精特新第二工厂呢？

这时，我们就会得到两家投资回报为 59.41% 的工厂，那么月净利润便是 79100 元的 2 倍。相比主任大批量生产时只有 108140 元净利润的方案，新方案的净利润约是其 1.9 倍。

第十四章 更加简单有效的替代方案

表 14-5 专精特新服装厂工程师 A 改善方案的有效产出报表

序号	产品基本信息					产品组合选项			产品CCR时间及占比			最终接单量			产品总有效产出	
	产品名称	市场售价（元）	完全变动成本（元）	单件有效产出（元）	产品CCR时间（分钟）	单位时间有效产出（元/分钟）	市场需求量（件）	最大组合（件）	最终接单量（件）	最大组合 消耗时间（分钟）	最大组合 占比（%）	消耗时间（分钟）	占比（%）	最大组合（元）	最终接单量（元）
1	女装西服	160	39	121	7	17.29	1200	740	740	5180	51.63	5180	51.63	89540	89540
2	女职业装	130	27	103	4	25.75	1200	1200	1200	4800	47.85	4800	47.85	123600	123600
合计：							2400	1940	1940	9980	99.48	9980	99.48	213140	213140

运营改善方案：	有效产出报表项目	改善前	改善后
采用工程师A的方式，投资10万元进行技术改造	月总有效产出（元）	184100	213140
方案简述：	月运营费用（元）	105003	109167
投资10万元进行技术改造，女装西服与女职业装每件产品CCR时间各节省1分钟	月净利润（元）	79100	103973
每月增加运营费用：约4167元	总投资（元）	2000000	2100000
注：技术改造投入10万元，按24个月折旧	年投资回报率（%）	47.46	59.41
增加投资费用：100000元			
改善方案投资回报率：248.48%			

· 231 ·

中国制造工厂困局与运营突破

制约理论强调系统资源与制约因素的充分运用，可以引领工厂走向高质量发展的道路。当工厂放弃局部效率优先的运营模式，追求资金强度的收益时，这不仅会给工厂带来丰田"快艇"式的高收益，更能引导工厂拒绝低效的规模扩张，聚焦在子领域深耕细作，从而建立起行业内的持久竞争优势，避免单纯的价格竞争，最终造福社会。

这时，细心的读者可能会发现一个漏洞：案例中的服装厂每月可用时间按每天8小时、每月22天、95%工时利用率测算，计算结果为10032分钟。如果专精特新服装工厂持续经营，稳固竞争优势，获得了更多市场订单后，增加员工每天的班次或工作时间，那么企业的净利润和投资回报会发生什么变化呢？

答案是再次倍增。

本章小结

作为工厂的运营决策者，有效产出报表可用于绝大多数的决策场景。如：

- 市场接单产品组合决策。
- 市场销售价格调整的决策。

这两类决策方法在前面章节中已多次演示过。

- 产品退市与新产品上市决策，原理同产品组合一致。
- 设备改造和产能投资决策。
- 生产工艺技术改善投资决策，如本章中专精特新服装工厂的技术

第十四章　更加简单有效的替代方案

改善。

・生产运作方式的决策。在前面章节中，我们通过运输方式决策、批量生产决策、采购成本决策等多个案例，有过详细的讲解。

・采购、外协决策。针对产能不足时工厂如何通过部件的采购或工序的外协提升有效产出，增加投资收益，同样，使用有效产出报表可轻松实现有效决策。

需要再次提醒的是，工厂需要突破成本思维的限制，化解局部指标的制约。

当工厂有了这一有别于常规运营思维的理念，便可以建立起一种新优势。它不仅可以帮助工厂现有业务实现收益倍增，还可以帮助工厂开发不同的商业模式，在价值链中为工厂的伙伴与客户带来新的价值。

第十五章

新理念下的商业模式开发

前文为大家分享了如何化解局部效率与成本思维的限制,打破局部指标对工厂的制约,并分析了工厂运营在5种情形下如何实现收益倍增。由此,工厂便建立了一种全新的竞争优势,这个优势不仅来自工厂的盈利能力,更源自全新的运营思维。

在市场高度竞争的环境下,工厂可以将这种优势转化为更有市场竞争力的商业模式,在产业价值链中为伙伴与客户带来共同增长。

下面我将为大家介绍,如何运用新理念开发新的商业模式。

富士康为何能"赤字接单、黑字出货"

还是先看一个案例。

康柏电脑在被戴尔收购前,其主机、显示器外箱均为富士康代工。

这些大牌企业选择代工生产时,一般会先找几家代工厂同时开模试制。当完成产品认证后,才开始根据市场预测量向代工厂下达正式订单。在做订单份额分配时,大牌企业一般会根据不同代工厂的工艺、质量水平、响应速度及价格，对订单份额进行分配与调整。

富士康得知有一款产品市场预期较好，未来订单量会非常大。当竞争对手测算完成本，报出利润为5%左右的价格后，富士康竟然直接在对手的报价基础上降价30%。

但是富士康提出了一个条件：它要全部订单份额。

竞争对手通过成本测算判断，用低于自己报价30%的价格接单，富士康肯定会亏损。但是富士康有着自己的优势与决策模式。

我们来分析富士康为何敢于接"亏损订单"，这里有两个背景。

首先，富士康的生产效率比竞争对手高10%。另外，由于电子消费产品生命周期短，各生产企业的固定资产、设备投入成本占比均较高，而富士康的生产效率比竞争对手更高；另外，富士康做成本核算及厂房设备折旧年限核算时，选择同比其他企业更短，所以，尽管报价比竞争对手低近30%，出现表面上的亏损，而实际上它却仍有近3%的净利润。

其次，富士康的生产周期比竞争对手短50%，只需每7天便可完成一批订单的交付。所以，相比竞争对手，富士康的库存资金占用也更低。

康柏的付款条件是发货15天后结算，而富士康给供货商的账期为票后45天。这样，富士康就可以运用自己快速交付的能力，达到资金占用的最少化，甚至负资金运营。

比如，供应商的材料在富士康指定时间送到工厂后，富士康7天便可以完成生产，同时开票送货给客户，客户在未来15天后完成付款。此时，距离富士康支付供应商的货款还有20余天。

我们再使用资金强度收益率进行对比分析。富士康的报价虽然比竞争

第十五章 新理念下的商业模式开发

对手低30%,但仍然维持着3%左右的净利润。因为富士康可以借助快速交付能力以及供应链的竞争优势,只需竞争对手10%的资金便可完成订单的交付。因此,富士康的资金强度收益率高于竞争对手数倍。

这个案例能给我们带来什么启示?

许多工厂仍然被成本思维限制着。化解了这一限制,便可实现更短的生产周期、更快的库存周转,以及更灵活的市场定价,从而获得竞争优势,通过更低的利润率获得更大的收益。

新理念与新优势

下面,我们分析工厂如何利用新理念、新优势,在行业产业链中建立新的商业模式,为上下环节的客户和供应商共同创造价值。

制约理论对客户价值的定义如下:以一种以前不可能做到,同时竞争对手在短期内难以模仿的方法,消除客户采购企业产品或服务时的重大限制。

如何理解这句话?有两个重点。

第一,必须消除客户在采购产品或服务时的重大限制。注意,是重大限制,不是一般的小障碍。

第二,消除客户采购工厂产品或服务重大限制时所采取的措施,必须是竞争对手在短期内难以做到的。

这时,工厂的竞争力才能在一定周期内维持,而不用依靠单纯的降价。

当工厂能理解制约理论的整体观,并突破局部效率与成本思维的限制,拥有全新、简洁、高效的决策方案，便是工厂拥有新竞争优势之时。

而且，只要竞争对手仍处在旧思维下，或并没有理解整体收益最大化的运营理念，就意味工厂短期内极难被模仿，这便是工厂的机会。

那么，什么是商业模式？如何与工厂的新竞争优势相结合呢？商业模式指的是在商业价值链中的交易关系和联结方式，商业模式的开发需考虑3个要素，回答3个问题。

首先，客户有哪些需求未被满足？也就是客户的限制与资源。

其次，工厂需要构建什么样的资源能力？也就是工厂的优势与资源。

最后，如何通过利益分配与交易规则实现各方共赢？也就是盈利模式如何设计。

回答了这3个问题，工厂便有了自己的商业模式。

问题与机会并存

收获了一个全新的竞争优势的同时，我们还需要了解制造工厂的客户群体都有哪些限制与资源。

工厂只是产业价值链中的一环，在当下供大于求、信息发达、高度竞争的市场环境中，客户会产生许多新的诉求，而这些新诉求会在客户购买企业产品或服务时形成障碍。

第一，价格。由于竞争加剧与互联网的发展，客户比价或更换服务商的成本变低。是否选择购买某一产品或服务，价格是他们非常看重的因素。

第二，个性化需求。随着经济的发展，人们的物质与精神生活水平不

第十五章　新理念下的商业模式开发

断提升，消费者的需求也变得多样。这造成了标准品需求的不断减少与定制化产品比例的不断增加。如果工厂不能提供快速、个性化的定制服务，就很容易被淘汰。

第三，时效。人们的生活节奏加快，个人时间价值凸显，市场选择空间增大，导致大多数客户不愿意等。这造成了制造业中各个环节订单交货周期不断被压缩的现状。

上述3个诉求，如果工厂无法满足，则意味着极易被市场淘汰。

但是，与客户限制同在的是他们的资源。许多顾客持币待购，不太在意资金的时间价值，在满足其需求后，也愿意接受新的交易条件。于是，工厂便有机会利用新理念、新优势，在为客户提供适宜产品和服务时获得双赢的效果，即开创出新的商业模式。

那么，如何通过工厂的新理念、新优势，开创双赢的商业模式呢？

当工厂化解了局部效率与成本思维的限制，采用了有效产出会计和整体收益最大化思维，建立起资金强度收益率决策逻辑时，便有了确切的答案。给资金强度收益率公式中的分子与分母乘同一个系数N时，这个值的结果并不会改变：

$$\text{资金强度收益率} = \frac{T-OE（净利润）}{I \times 投资周期（资金强度）} \times \frac{N}{N} \begin{matrix} \longrightarrow & 低价格 \\ \longrightarrow & 快交付 \end{matrix}$$

举例，当我们给这个公式中的净利润与资金强度都乘90%时，资金强度收益率不变。也就是当工厂选择牺牲一点利润率，如降低售价或增加成本时，若能节省大量资金强度，便有机会获得同等的资金强度收益率。也就是说，工厂可以拥有以更低的价格向客户提供更高价值的产品或服务但收益不会降低的竞争优势。

在资金强度收益率决策逻辑的引导下，工厂不仅可以降低成本、压缩生产周期，同时还可以控制资金强度值。这时，工厂就可以建立起另一个优势——快速交付。

尽管富士康的净利润只是对手的70%，但它的总自有资金投入量只需竞争对手的10%，最后它的净资产收益率就可以达到对手的7倍。

$$富士康净资产收益率 = \frac{T - OE \quad \times 70\%}{I（净）\quad \times 10\%} \quad ↑7倍$$

于是，我们可以得到一个新的决策方向。当工厂追求盈利时，不仅应追求利润率，更应追求净资产收益率。当某项决策会改变净利润率，同时降低净投资额时，如净利润率的降低率低于净投资额的降低率，则代表这一决策将会提升工厂的整体投资收益率。

下面我们用几个案例来演示这一决策理念，以及如何使用这一理念开发出新的商业模式。

服装代工厂的逆袭

工厂如何运用快交付的能力，提供小批量定制化服务？

第一个案例是一家服装工厂，来自制约理论的经典案例。为何说它经典？因为这家服装厂的客户是一家100亿美元级的大品牌公司。

在服装行业中，大多数工厂是提前大批量预测式生产，然后通过各类渠道将产品"批发"出去。在这种模式下，服装加工工厂以及供应链各环节，

第十五章 新理念下的商业模式开发

注定会产生一边高库存留滞、一边畅销品缺货的风险。最后因为库存滞销,只能采取高比例让价折扣,供应链各方均损失收益。

这家服装代工工厂采用了我们的新理念,将传统大批量生产改为小批量快速交付的方式。在同客户共同探讨行业及双方的问题后,它向大客户提供了一项服务:请客户提前提供原料,交由他们代加工,但是无须像之前一样大批量下单。

客户只需小批量下单,服装厂每 3 天可以完成 1 次交货。这样,客户就省去了提前预测订单、预测不同尺寸等麻烦,还可以避免滞销带来的折扣损失,实现畅销品的迅速补货。

由于服装材料只占服装总价格的一部分,尽管提前备料,事实上并不会给客户增加过多的资金占用。即使有少许增加,相对于增高的销量与利润来讲,也显得微不足道。于是,服装厂与客户达成了合作共赢。

双方的交易条件于是变为:零售商预先支付 70% 的材料货款,服装厂提供不同批量、不同价格的快速交付服务。

我们来粗略估算一下服装厂的净资产收益率变化。由于服装厂采用小批量加工,每批的加工价格略有差异。但平均下来,相对大批量加工,价格仍然有一定的增幅。而小批量加工虽然效率有所损失,但由于加工价格上涨,相对原有模式,净利润率增长至 120%;而自有资金的投入只占原模式的 30%。所以服装厂的收益率指标增长了 4 倍。

$$服装厂净资产收益率 = \frac{(T - OE) \times 120\%}{I(净) \times 30\%} \uparrow 4倍$$

当然,这些数据只是用于说明这一模式的收益率,精确数字有所不同。

这个案例背后的决策与运营逻辑同样适用于各类快消品企业。

小旧印刷工厂如何争取大客户

在印刷行业，各企业与设备厂家大都采用局部效率优先模式与成本思维。他们在这一思维理念下不断推出更高速度、更高效率的设备。在咨询服务过的案例中，我见到过每秒400米的高速印刷机，让人目不暇接，人们甚至需要借助专业的设备才可以看清产品的花纹。

在这样的行业背景下，行业中普遍采取批量越大、价格越低的销售政策。而某些工厂的设备因未及时更新，便在价格上失去了竞争力，面临淘汰。

一家小旧印刷工厂吸收了我们的新理念，由于其有小批量快交付的能力，这家印刷厂发现了一个商机：尽管某些客户会下达大批量订单，但是并不能及时消化这些订单。而且，某些产品会因为市场变化，定期调整包装样式，如定期更新包装的促销信息、图案等。

于是，这家小旧印刷工厂便利用这个机会，向客户推销他的小批量快速交付服务。之前客户采用批量下单的方式，尽管单件价格较低，但是不仅占用客户资金，更会导致产品改款时产生极高的报废成本。

最终核算下来，客户小批量采购时，虽然采购单价表面上略有上浮，但考虑到报废损失、资金占用，总成本会更低。于是，小旧印刷工厂就与客户达成了合作共赢。

这时的交易条件变为：小旧印刷工厂向客户提出只收取相对于大批量订单时略高的价格，可以提供免费打样，以及每周小批量订货、每周结算

第十五章 新理念下的商业模式开发

的服务。

我们来粗略估算一下小旧印刷工厂的净资产收益率变化。由于采取小批量加工，相对大批量成本会增加少许，但因为单价略高，相对于传统模式，净利润并没有任何损失，仍是100%。而由于小批量生产可以快速结算，其资金投入只占原模式的50%。所以小旧印刷厂的净资产收益率提升了2倍。印刷厂不仅没有倒闭，总收益还得到了大幅提升。

$$印刷厂净资产收益率 = \frac{(T-OE) \times 100\%}{I(净) \times 50\%} \uparrow 2倍$$

如何用小利润换大收益

新理念不仅可以帮工厂建立快速交付的能力，还可以用更低的市场报价、相对旧模式更低的利润率，获得更高的投资回报率。

下面我们看看运用低价格提供长交付周期的定制服务，同样带来更高收益的案例。

用当下常见的电商模式举例。这个领域价格竞争激烈，客户追求新奇与个性，会提出一些定制需求。

面对这种消费环境，由于案例中的这家企业有更快的交付能力，虽然相对大批量生产，效率有所损失，成本有所增高，但是采取提前按客户需求定制的生产方式不仅可以实现预收货款，而且客户的定制需求是在企业规定的范围内选择的，所以企业最终的制造成本并未发生大的改变。

这家企业的价格低于同等产品10%，并且能实现个性定制服务，满足了一部分市场客户的需求。于是，企业与电商公司达成了合作共赢。

这时的交易条件变为，电商的客户预付70%货款，企业优惠10%提供定制服务。

我们来粗略估算一下采取电商直销模式后，企业的净资产收益率变化。由于定制并让价，净利润率下降了10%，只有原来的90%。但是由于提前收回了70%的货款，资金占用只有之前的30%，所以企业的净资产收益率达到了原来的3倍，同样实现了收益率的大幅提升。

$$企业净资产收益率 = \frac{（T-OE）\times 90\%}{I（净）\times 30\%} \uparrow 3倍$$

最后一个案例是一家家具企业。家具行业面临的市场环境与上述电商产品相近，市场客户同样有个性化定制需求，变化较快，并且对交付时效有迫切的需求。

但是，家具行业的定制服务与上述案例中企业主动提供定制服务有所不同，是被市场客户倒逼后的结果。

在现有的家具行业中，标准化产品已经基本失去了市场，大量家装客户无论是通过装饰公司采购还是业主直接采购，均会根据自己的户型特点以及个人喜好提出定制需求。于是，家具的尺寸样式变得每件均不相同，极少有统一、标准的产品与规格。所以在家具行业，对标准化产品的需求已陷入严重下滑的境况。

这家家具企业采取了新理念，改变了传统大批量生产的模式，根据客户需求定制产品，不仅实现了交付周期可控，成本上也并未有大的变化。

由于提供客户个性化定制服务，这家企业受到了大量经销商与终端客

第十五章　新理念下的商业模式开发

户的青睐。于是，家具企业与经销商、客户达成了三方共赢。

这时的交易条件变为，客户支付更高比例的定制货款；经销商将货款大比例支付给企业；企业采取小批量、快周转的生产模式，迅速完成生产并向客户发货。

我们来粗略地估算一下家具企业的净资产收益率变化。由于采取小批量加工，相对大批量生产，成本变高了少许。但因为定制商品销售价格相对较高，所以相对于传统大批量生产模式，净利润反而比原来提升了20%。

又因为能收到预付及小批量生产，家具企业资金占用只有原来的20%，所以净资产收益率提升了6倍。这家家具企业不仅在市场巨变中生存了下来，总收益还得到了大幅增长。案例所述的这家企业，现实中正在快速扩充着经销商网络，迅速成长。

$$家居企业净资产收益率 = \frac{(T-OE) \times 120\%}{I(净) \times 20\%} \uparrow 6倍$$

本章小结

市场中，不同客户的价值诉求不同，当企业采取新理念，建立起新的竞争优势时，便可通过净利润与资金占用的互换，创造出更多双赢的商业模式。

经过长期的研究与咨询实践，我将这些商业模式分为两大类，一类是用净利润换资金占用，另一类则是用资金占用换净利润。

用净利润换资金占用的有：

· 丰田的"快艇"式生产模式。

· 牺牲局部效率换快周转的精益工厂。

· 高性价比、可定制，接单后再生产的戴尔电脑。

· 牺牲局部效率只接急单的建筑铝材企业。

用资金占用换净利润的有：

· 集中库存至中央仓库的配销企业。

· 聚集某细分领域，提前备半成品，产能只比对手大3倍，但利润高出10倍的铝箔企业。

· 节省交付周期，收取高价的供应链管理公司。

· 替客户垫资备货的建筑铝材企业。

上述案例无一例外，都是先破解掉了局部效率和成本优先这一思维限制，并应用新理念形成快交付、低资金占用的竞争优势，随后针对客户诉求，提出共赢的解决方案，从而实现了其商业上的成功。

此刻，我想请读者一起思考一个问题：当用净利润换资金占用时，净利润真的会比旧模式低吗？当采取资金占用换净利润时，资金占用就真的比旧模式高吗？答案仍然是否定的。

如果新理念、新方案对工厂有价值、有帮助，那么就剩下最后一个问题了：新理念、新方案该如何有效地导入工厂？下一章我将为读者总结与解答。

第十六章

如何有效导入新理念

前面讲解了局部效率优先模式与成本思维的弊端，通过有效产出会计的几项整体性指标，可以帮 5 类工厂实现收益倍增；因市场竞争环境以及成本结构的转变，传统成本会计的决策逻辑已经失效；当工厂化解了旧思维限制，便有机会建立新的竞争优势，实现突破性增长。最后，我们引用了多个案例，介绍如何利用新的竞争优势与产业链上下游建立共赢的商业模式。

现在到了如何实际运用、导入新理念的环节了。作为本书最后一章，我们需要做一个总结与回顾，并与大家分享工厂如何有效地导入新理念、导入过程中存在的障碍以及我对此的建议。

我们面对着世界性难题

我的研究与实践证明，90% 工厂均被运营理念限制，包括那些表面上看起来已经非常成功的大企业。我将用两组数据来证明。

国内研究机构数据显示，2006~2016 年 A 股年利润增长率在 20% 以上的公司，连续 5 年盈利的只占 1.2%；而印度的研究机构统计数据显示，连续 10 年盈利的上市公司只有 0.8%。我们来思考这是什么原因造成的。

前面章节中，我们罗列了当下工厂普遍存在的十大运营难题，它们是现实中 90% 的工厂遇到的。我们知道，工厂中的每个个体均希望做出成绩，帮助工厂提高收益。但为何还会有这么多工厂出现问题呢？一定是某些原因制约着工厂的增长。不然，处于国内同样环境中的富士康、小米、京东等企业，绝不会取得如此优异的经营业绩。

我们需要正视一个问题：当工厂的目标没有实现时，一定是工厂做出了某些错误的行动。而当员工都是努力的，并且组织中的所有个体均会根据工厂评估指标采取行动时，我们可以断定，在错误指标的引导下，员工才做出了这些错误的行动。

错误指标源自人类本能的直觉。我们趋向于将整体分解成局部，并用局部指标思维运营工厂。认清这一点便是上述问题取得突破的开始。

当我们对完整的系统实施局部分割后，再对传统会计收入、成本、费用指标进行分解，并将分解后的局部指标用于激励与评估各局部，这势必引发局部与局部、局部与整体、单一公司与产业链之间的冲突。

当工厂内部与产业链的冲突无法消除时，所有人会本能地选择妥协与自我保护。这时一旦市场出现自然波动，工厂内部将出现协同不畅与效率变低的情况，从而让工厂变得十分脆弱，工厂的收益与增长注定难以持久。

第十六章　如何有效导入新理念

世界性难题的常识

正如我们分析离散工厂的运营现状时所讲的，所有人都在做着正确的事，但是系统的混乱、整体收益的变低还是在所难免。

许多工厂虽然处于此类混乱与低效之中，但因为行业红利仍存在，竞争不够激烈，尚且有一定的生存空间。可是随着供需关系的转变，市场竞争会不断加剧，客户会更挑剔，如果工厂不及时转变，将注定快速衰落。

作为工厂运营者，你可能每天都要面对许多问题。这些问题大多是我们之前提到的十大运营难题导致的——这十大难题可以统称为工厂运营过程中的内部波动。

我们之前做过分析，假设工厂运营时将十大不良因素彻底去除，但系统的问题仍在发生。

当用局部效率优先模式和成本思维运营工厂时，运营者就会采取局部效率指标激励各局部。这时，各工序便用各自最高效率的方式作业，如集批生产、减少切换、改变订单次序、不让设备停机等。但是，当这些做法与整体目标发生冲突时，各工序又会紧急采取妥协或自保的做法。

于是，工厂的生产周期就会被拉长。而客户的订单必须交付，订单交期于是变得紧张，急单、插单增多，系统的计划就会变得混乱。紧急调整过多，不仅会造成库存增加、效率变低、成本上涨，还会让运营管理者疲于应对，消耗过多的精力用于"灭火"，而真正引发"火灾"的原因却被越埋越深。最终，工厂竞争力与收益也随之降低。

本来就混乱"燃烧"的系统遇到系统内部的波动，如供应商到货不及时、产品品质工艺不稳定、设备人员异常时，只是在给已"燃烧"的系统火上浇油。

要灭火，原则上要先消除构成燃烧的条件，再避免火上添油。在现实的工厂环境中，工厂有必要消除这些系统内部的波动。而另一个现实是，这些波动永远无法被彻底消除，因为系统的波动注定存在，只是不同管理水平的工厂，波动幅度、频率不同而已。

如被世人公认的精益生产的标杆企业丰田汽车，自1952年开始，其提出并持续改善的管理机制已推广至全球，至今仍在发挥着它的作用。因此，改善永无止境，只要企业仍在经营，改善就不能停止。

比如，丰田敢于授权。在出现重大异常时，一线员工也可停止整条组装线。可见，即使丰田汽车这样的精益标杆企业，同样在用自己的方式与决心，持之以恒地应对着异常与波动。

工厂运营者的精力始终有限，在改善工厂时，是用现有理念指标激发系统的冲突矛盾，再通过协调调整来应对，还是先从根本之处避免冲突，再凝聚力量应对波动呢？答案很显然。

当工厂认识到系统的波动是无法在短期内消除时，站在系统的整体视角，应对这些波动才是明智之举。下面，我将介绍系统中始终无法消除的三大波动及其应对方法。

站在整体视角看工厂

工厂是价值链中的一环，同时，工厂也是由各个局部环节所组成的完

第十六章　如何有效导入新理念

整系统。在这个系统的现实世界中，存在着两种限制，一是物理限制或资源限制，即工厂产能瓶颈；另一种则是运营理念限制，即局部效率优先的运营模式与成本思维。

系统中始终存在市场需求与供应的波动、产品组合产能需求的波动，以及生产过程中的各类波动。当工厂认清这3类波动无法消除时，可以通过系统整体视角，利用上述的两种限制化解。

市场需求与供应的波动，可以通过有效产出会计的新理念提升内部运营效率，压缩生产周期，建立准时交付能力，再通过有效产出收益接单的决策逻辑来应对。

在面对产品组合产能需求的波动时，只需根据有效产出报表做出收益最大化及投资收益率更高的决策，便能轻松应对。

面对生产过程中的各类波动，则可以参照第八章中所讲的确保订单99%准时交付的相关方案进行应对。

制约理论之所以可以帮助工厂快速增长，是基于其整体视角、全局思维的整体解决方案。下面我用一个咨询案例向读者展示其中的逻辑。

相信常识的力量

图16-1是实际咨询项目中的一个案例，我称之为D企业未来图。

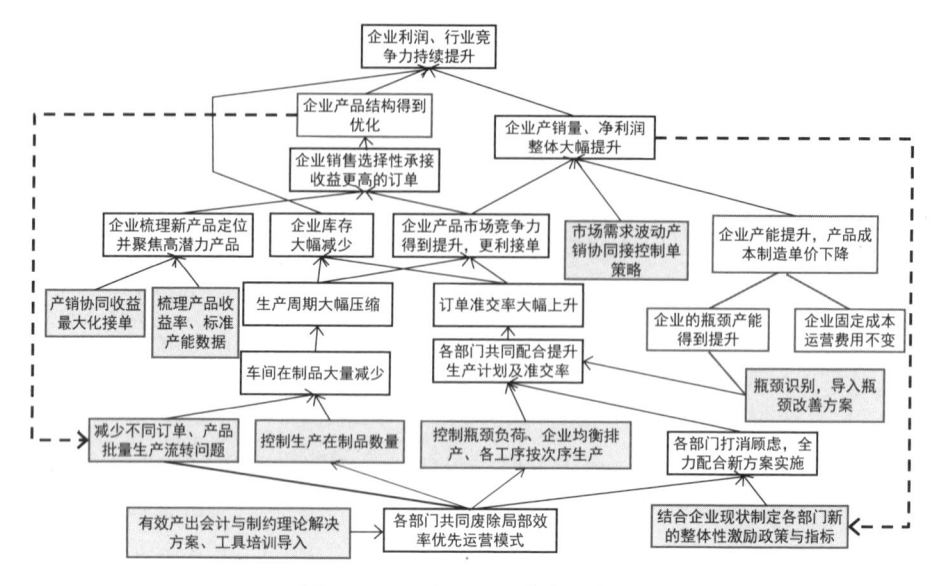

图 16-1　D企业工厂未来运营图

我们从最底部开始阅读这张图。当D企业引入有效产出会计理念，各部门会更能理解并认同局部效率优先模式的危害。于是，各部门可以联手共同废除局部效率优先的运营模式。

同时，根据D企业行业现状特点，制定出各部门新的整体性激励政策与指标。这时，各部门需打消旧有的局部效率考核时的顾虑，全力配合新的方案实施。

制约理论解决方案的导入将控制瓶颈负荷，让企业均衡排产，各工序按次序生产。这时，订单的准交率将大幅上升。

同时，还应控制企业生产在制品的数量，降低生产批量。这时车间的在制品将大量减少，生产周期大幅压缩，企业库存也会随之减少，总资金占用下降。

第十六章　如何有效导入新理念

我们再看看针对瓶颈的改善。识别瓶颈并导入瓶颈改善方案后，瓶颈产能将得到提升。这是由于运营费用和固定成本不变，企业的产能得到提升时，产品制造单价将大幅下降，间接影响运营成本在总成本结构中相对地摊薄、变低。

当生产周期大幅压缩，同时准时交付率大幅提升时，企业产品的竞争力会得到提升，更利于市场抢单。与此同时，企业产能更高、成本更低，再配合市场需求波动的产销协同接单策略，将实现企业的产销量以及整体利润大幅提升，这时有效产出会得到增长。

由于不再采取局部指标激励方式而采取整体性指标评估，当企业的产销量增加、净利润提升时，便会得到一个正向的良性循环。如图16-1中右侧虚线所示，这会激励各部门进一步实施此方案的信心与热情。

D企业面对众多的细分客户，拥有众多的产品系列生产线。我们协助梳理了D企业的产品收益与产能数据，识别了不同产品的收益率，再配合产销协同的市场收益，便可实现最大化接单。让D企业有了新的产品定位，并有信心聚焦未来，制造出更有潜力的产品。

当D企业识别出不同潜力与收益率的产品，并拥有更高的市场竞争力和抢单能力时，便可实施选择性接单。这时，D企业就有可能取得像专精特新服装工厂一样的收益倍增效果。

当D企业聚焦优势产品，减少系统混乱，运营管理者将精力聚焦在细分产品的生产与运营上后，企业的产品结构不仅可以得到优化，而且会形成一个正向循环。如图16-1中左侧的虚线，这会进一步解决生产现场的批量生产流转问题。

所以，当企业废除局部效率优先模式和成本思维，采取基于有效产出会计的解决方案时，利润增长、行业竞争力提升都只是结果而已。如果运营者认同局部效率优先模式的危害，之后的所有行动与结果都顺理成章，简单到只是常识而已。

我们采取这样的理念和逻辑，帮助众多工厂实现了突破性的增长。涉及的行业包括汽车零部件、电子产品、机械配件制造、建筑装饰、精细化工、生物医药、塑料制品、建筑铝材、铝箔制品、印刷制品，以及成套设备制造、电商运营等。

在历史项目的实施中，我总结了一些有效的导入方式，均可帮助工厂实现收益、竞争力的增长。

新理念的导入与运用

在任何工厂中，当未建立整体视角以及未化解局部效率优先模式与成本思维时，就意味着工厂还陷在局部思维的限制当中。只有建立了新理念之后，工厂才有机会制定出新的政策与指标。我们假设工厂中的人都是好的，会根据工厂绩效、政策的引导行事。有了新理念，修改了新的政策与指标，便会带来新的行动，最终才会带来新的业绩改变。

制约理论方案有效导入的工厂，大多会有突破性的增长，而这一切只源自工厂运营理念模式的转变。当实现这一转变后，工厂就会发展出新的竞争优势。所以许多成功实践制约理论的工厂，最不愿意让竞争对手知道他们的方法。

第十六章 如何有效导入新理念

另外，由于制约理论的整体思维是决策者才有机会具有的视角，所以注定了其只属于小众人群，并未得到广泛传播。

当认识到这一逻辑后，如图 16-2 所示，我的建议是，首先从定义工厂系统的边界与目标开始。因为任何工厂都属于上下游产业链中的一环，无法独立于系统生存。因此，如果工厂没有确认自己的目标，无法正视产业链上下游的诉求，为客户提供价值，就会失去很多机会。

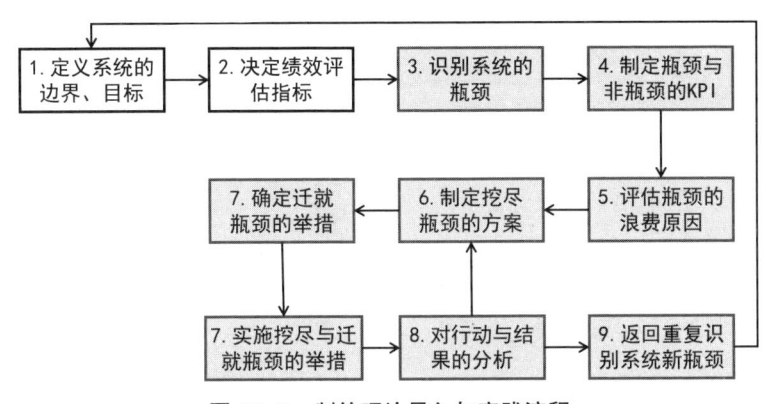

```
1.定义系统的边界、目标 → 2.决定绩效评估指标 → 3.识别系统的瓶颈 → 4.制定瓶颈与非瓶颈的KPI
                                                                    ↓
7.确定迁就瓶颈的举措 ← 6.制定挖尽瓶颈的方案 ← 5.评估瓶颈的浪费原因
    ↓
7.实施挖尽与迁就瓶颈的举措 → 8.对行动与结果的分析 → 9.返回重复识别系统新瓶颈
```

图 16-2　制约理论导入与实践流程

当工厂完成了系统边界的定义，洞察客户的价值，拟定新的目标后，就需要根据此新目标，参照新理念，决定新的绩效评估指标。

完成上述两个步骤后，工厂有机会开始进入提升瓶颈的环节。

首先要识别工厂当下的瓶颈，根据新的评估指标，为瓶颈与非瓶颈环节制定新的 KPI。然后评估瓶颈因素的浪费原因，制定挖尽瓶颈的方案，随后确定迁就瓶颈的举措。当上述环节完成后，工厂便可以开始实施挖尽与迁就的举措了。

大部分情况下，工厂会因此得到一些提升，但是同样会遇到很多障碍和阻力，因为人们固有的思维很难在短期内改变，比如印刷厂包装部门集体反对的例子。这时，工厂唯一正确的做法就是听取他们的建议，了解并分析行动与结果之间的关系。无论收益如何，反对的声音有多少，当工厂消除障碍与阻力之后，便可以实现突破性的增长。

此后，工厂需要参照聚焦5步骤的第5步，重复定义系统的边界与目标。或许这时工厂不再处于亏损状态，不再盈利过低，正是利用优势扩展商业版图的新时机。

高德拉特博士提醒：永远不要因为惰性限制增长，任何情况下，我们都能实现大幅改善，甚至连天空也不是限制。

工厂要做的是定义自己的系统边界，为客户提供新的价值。

根据制约理论与实践，当工厂减少在制品、压缩成品库存时，工厂的库存会降低，周转会加快，这时系统已处于增长状态。但是工厂极有可能由于订单的不足，在传统会计报表上出现短期的净利润率变低。

如果是上市公司，这种情况还可能会造成投资机构、股东甚至银行的误解。此刻，工厂要做的就是忽视短期利润率的变化，坚持实践制约理论并耐心解释，用未来更快的周转率、更高的投资回报率向利益相关方证明自己的正确。

如果此时你已经了解到新理念的巨大魅力，我还有一些经验需要与你分享。当工厂正在运用一些新的管理工具，或之前有许多次新工具导入失败的经历时，就需要思考一个问题，这些新工具是在"灭火"还是在"消防"？是在应对"起火"后的不良结果，还是在杜绝"火灾"的产生？

第十六章　如何有效导入新理念

据我们了解，许多工具只是在减少"火灾"的危害，如更好的"防火服"，更先进的"呼吸器"……

你可能会觉得这个比喻过于荒唐，但当你同我一样遇到过花费1000万元实施制造执行系统（MES），只为了解决车间不按生产计划执行的企业；花2000万元实施企业资源计划（ERP），只为了解决产销协同、订单跟进、成本统计的企业；耗巨资先后多次上线生产信息化系统最终失败的企业……你可能更能理解这个比喻的用意。

许多企业忽视了核心问题，而忙于应对表层的不良结果。这也是ERP项目被业界公认成功率不到30%的原因，它只能解决企业运营中的表层问题。而数字化、MES的成功率及项目收益则更低。反之，站在系统的整体视角解决核心冲突之后，再引入新的信息化、智能化工具，将其固化、强化，才会事半功倍。

本章小结

至此，我们已经完成了全部章节的探讨与学习，我分享了在咨询时成功导入的经验与逻辑。最后，再为你介绍一下制约理论的知识体系。

制约理论在20世纪80年代由以色列物理学家艾利·高德拉特博士所创建，有约50年的发展史。其知识框架、解决方案和应用场景仍在不断突破与发展，其中还有本书中尚未所涉及的内容。

这些未涉及的内容，包括：

1.用于化解思维限制的强大工具——"清晰思考"。它能消除人们的思维惯性，帮人们洞察事物的本质。它不仅可以用于解决工厂的问题，还可以帮助每个人解决生活中的问题，更能为行业性问题的创造性解决提供方案。

2.用于解决项目环境中支付周期过长、项目变更过多、成本交期无法控制的"关键链"技术。

3.促进销售的"说服"过程管理。

4.在经营销售过程中，创造客户无法拒绝的"黑手党"提案。

5.关于企业人员管理的"尊重与授权"方法。

6.4年内实现净利润等于当下销售额的"可行愿景"解决方案。

7.帮助企业新技术与产品开发，为企业创造突破性产品的"价值眼"（EV4）。

因本书篇幅有限，所有内容只涉及工厂的运营与管理，但这套解决方案同样适用于工程建设、项目开发、大型设备维护管理。在这些领域当中，制约理论同样具有杰出的效果。

制约理论强调从整体的视角出发，帮助工厂实现突破性增长。

在过去的咨询项目实践中，我得出一个经验：当工厂运营者理解并化解局部效率和成本思维的限制，站在工厂整体视角，运用整体收益最大化的思维决策时，往往就能利用现有工厂、行业的管理方法，很快做出正确、有效的行动，给工厂带来突破性的增长。这也印证了高德拉特博士的那句名言："不要重复发明轮子，停止做不该做的事，做该做的事。"

尾 声

EPILOGUE

绝不妥协，走少有人走的路

当工厂的经营发展进入平台期，外部竞争压力剧增，内部增长乏力，盈利降低时，如果你希望借助成本思维，想通过控制成本提升作业效率，实现工厂的增长，那么，工厂将注定步向衰败。

而当我们站在更大的系统层面，用整体有效产出观改变运营理念时，就意味着我们有机会建立起新的竞争力。这时，工厂才有机会带领客户、伙伴、员工实现共赢，并引领工厂持续增长。

采用制约理论整体系统视角和有效产出思维运营的工厂，相对于传统局部效率采用优先模式和成本思维的工厂，犹如拥有制空权，有机会对后者形成降维打击。

这一新理念还可以助力工厂压缩生产周期、提升订单准交率、降低库存、

中国制造工厂困局与运营突破

解决产销不协同问题、减少内部混乱、加快资金流转，助力工厂实现良好的效益增长。

当工厂解除了局部效率和成本思维的限制时，便拥有了全新的、更为广阔的机会。

这也说明，当工厂生产周期过长、订单准时交付率过低、库存过高、产销不协同、内部混乱，同时市场竞争力与盈利不足时，即代表着工厂可能仍在采取局部效率优先模式和成本思维运营。

我们的样本显示，当下国内 90% 的工厂仍在采取旧有的局部效率优先模式运营。这既是我国制造业面临的危机，同时也是一个转机。

祝愿你我化解限制，突破瓶颈，帮助中国制造业突破运营困局，实现增长！

致　谢

ACKNOWLEDGEMENTS

　　实验科学的始祖培根说："知识就是力量。"我更想说，结构化的知识才更具有力量和价值。在《中国制造工厂困局与运营突破》一书的专业积累、整理、成稿过程中，我得到了众多企业客户、制约理论圈内好友以及工作伙伴的帮助，借此机会向曾经帮助过我的伙伴和友人一一道谢！

　　首先感谢中德制造业研修院的各位老师、吴晓波老师及杭州蓝狮子文化创意股份有限公司的支持与推动！感谢各位幕后的编辑，有了你们严谨、细致、辛勤的付出，本书才得以顺利出版！

　　本书中的大量案例，来源于过往咨询项目的提炼。感谢在咨询服务与实践过程中给予我专业支持、项目实施过程理解与配合我的咨询客户。更感谢项目期间与我们朝夕相处，共同为课题攻关不辞辛劳，照顾我们团队生活的企业对接部门的各位同事！没有你们的支持和帮助，任何有价值的理论和方法，都无法转化为有效的项目成果。他们分别是：

中国制造工厂困局与运营突破

科技研发型制造企业：北京鼎材科技有限公司任总团队，山东诠道科技有限公司张总团队，天康生物股份有限公司潘毅总、黄总团队，南京萨特科技发展有限公司杨总团队。

订单式离散型制造企业：福建省溪石建筑工程有限公司王总团队，和勤通信技术有限公司周总团队，福州科瑞特纸品有限公司陈总团队，奋安铝业股份有限公司黄总、梁总团队，越南启辰塑业有限公司李总团队，云南浩鑫铝箔有限公司陈总、康总及周总团队。

我们坚信企智融合是企业发展过程中的必经之路。好的客户、成功的项目，不仅成就企业及团队，更成就顾问，感谢你们的信任与支持！

在11年的咨询生涯中，在一路坚守初心的旅程中，我无时无刻不在获得大量同行、同事及友人的支持，他们无论在专业还是在客户价值呈现上，都给予我大量的帮助与启发。他们是和恒（北京）咨询有限公司的徐朝华总经理，北京和君咨询有限公司的金胤和老师、黄川老师，北京和君恒成企业顾问集团股份有限公司的骆永华老师，泉州和不同管理咨询有限公司的黄清发总经理，天津一诺咨询服务有限公司的高文强老师，工业品品牌营销实战专家杜忠老师，还有我在咨询业与制造业就职期间，多年亦师亦友的尉洪朝老师、李建武老师、庞斌老师、王艳东女士，在此表示感谢！

在多年制约理论的研究与实践中，我需郑重向制约理论"黑手党"提案（突破性的营销与销售方案）大师——杭州乔纳森企业管理咨询的段云刚老师表示感谢！是他向我揭开了制约理论的神秘面纱，他与刘振老师共同组建的有效产出研究院，目前是国内最大的制约理论爱好者学习社群。在段老师和刘老师长期无私的奉献下，有效产出研究院共建、共创、共享

致 谢

的理念得以落地，制约理论得以播种在中国大地之上，让众多制约理论爱好者、研习者从中受益。在此向段云刚老师、刘振老师，以及有效产出研究院北京分社的裴军峰老师、曹晓峰老师，上海分社的苏长裕老师、管知时老师，广州分社的梁鸿老师、梁冬春老师，深圳分社的惠智家老师，河北分社的白龙老师，西安分社的李斌老师，东北分社的王轶才老师，南京分社的袁长成老师，苏州分社的徐拔老师，山西分社的秦浩然老师，河南分社的刘争光老师，重庆分社的银登快老师，成都分社的陈盛元老师，以及台湾的赵智平老师、生产计划信息化领域的章月洲老师表示感谢！我愿和你们一同学习成长。相信制约理论在各位老师的坚守下，一定会发扬光大，造福更多企业，助力中国制造！

最后向一路扶持相伴、支持我数月专心写作的爱人和家人表示感谢，有你们真好！

感谢你们的支持和帮助，未来我将开创"按效果、后付费"咨询模式的新篇章！

为何我要提出"按效果、后付费"的咨询模式？

改革开放40多年，市场竞争格局发生本质变化的同时，企业的投资规模及固定成本在不断发生变化，因此旧有管理模式与咨询模式已渐渐失去原有的价值。而大多数企业在遇到管理问题后，都希望通过引入咨询，帮助企业改善现状，但殊不知：

· 局部的高效率，并不等于企业整体的高收益！
· 局部的优化，也不会给整体混乱的企业带来实际收益！

另外，大多数咨询机构是按人、天或项目模块收取费用的，并不会承

中国制造工厂困局与运营突破

诺项目的最终效果和收益，并且首付比例较高，验收尾款比例低。而项目大多是快速按计划推进，企业对接人员的吸收转化有限，因此项目的风险与压力均由企业承担，最终企业收益并不理想。

我们团队一改传统咨询模式，提供"按效果、后付费"的整体优化咨询服务，提供免费的工厂问题与改善空间的诊断评估服务。项目实施过程中，会高度注重改善流程与企业现状相结合，不会强制约定项目的周期与付款节点，保障企业对接团队充分吸收项目成效。

我们团队可以保障企业达到 5 倍咨询项目投资收益，并且 90% 的费用取决于项目结果。看到结果前，不用支付我们团队任何费用，这样企业就不会有任何风险与损失。

当您的企业遇到：产销不协同、订单延期、生产混乱、效率损失、人难管、成本高、交货期长、接单变难、订单不足、库存高、利润低，想零风险引入咨询实现快速改善时，建议您选择以局部核心问题改善为突破口的"按效果、后付费"的咨询模式！

中德制造业研修院工厂运营导师

工厂顾问　黄启哲

2024 年 8 月 15 日

图书在版编目（CIP）数据

中国制造工厂困局与运营突破 / 黄启哲著. -- 天津：天津人民出版社, 2024. 10. -- ISBN 978-7-201-20690-5

Ⅰ. F426.4

中国国家版本馆 CIP 数据核字第 2024Q5B277 号

中国制造工厂困局与运营突破
ZHONGGUO ZHIZAO GONGCHANG KUNJÜ YU YUNYING TUPO

出　　版	天津人民出版社
出 版 人	刘锦泉
地　　址	天津市和平区西康路 35 号康岳大厦
邮政编码	300051
邮购电话	（022）23332469
电子信箱	reader@tjrmcbs.com
责任编辑	张　璐
特约编辑	李姗姗　钱晓曦　肖俞亘
装帧设计	袁　园
制　　版	杭州林智广告有限公司
印　　刷	杭州钱江彩色印务有限公司
经　　销	新华书店
开　　本	710 毫米 × 1000 毫米 1/16
印　　张	18.25
字　　数	205 千字
版次印次	2024 年 10 月第 1 版　2024 年 10 月第 1 次印刷
定　　价	68.00 元

版权所有　侵权必究
图书如出现印装质量问题，请致电联系调换（0571-86535633）